高东海·编

中国宰相传

陕西新华出版传媒集团
三秦出版社

中国宰相传

高光新 编

三秦出版社
陕西出版发行集团

图书在版编目（CIP）数据

中国宰相传 / 高东海编. ——西安：三秦出版社，2017.9
（中华经典国学口袋书 / 徐喜平主编）
ISBN 978-7-5518-1598-7

Ⅰ. ①中… Ⅱ. ①高… Ⅲ. ①政治人物 – 列传 – 中国 – 古代 Ⅳ. ①K827=2

中国版本图书馆CIP数据核字（2017）第194250号

本书由甘肃纸中城邦书业有限公司授权由三秦出版社出版发行。非经甘肃纸中城邦书业有限公司书面同意，其他出版机构和个人不得以任何形式任意重制、转载。

出 品 人	支旭仲
策　　划	白忠平
责　　编	冯　兵
封面设计	陈　非
版式设计	高东海
内文排版	白英华
出版发行	陕西新华出版传媒集团　三秦出版社
地　　址	西安市北大街147号
电　　话	（029）87205121
网　　址	http://www.sqcbs.cn
规　　格	720mm×910mm　1/32
	印张8　彩插8　字数115千字
印　　刷	西安新华印务有限公司（独家承印）
版　　次	2017年9月第1版　2017年9月第1次印刷
标准书号	ISBN 978-7-5518-1598-7
定　　价	15.00元

凡有缺页、倒页、脱页，可与工厂直接调换。电话：029-84273850

出版说明

中华文明源远流长，上下五千年，圣贤相继，英才辈出，他们殚精竭虑、呕心沥血，为后人留下了一部部经典作品。这些"经典"如同金砖玉瓦，构建成了一座金碧辉煌的殿堂，我们称之为"国学"。其内容宏富，博大精深，可谓是中华思想文明的浓缩，中国传统文化的精髓，是先贤遗留下的宝贵精神财富，值得好好传承和大力弘扬。越来越多的人们认识到其价值，读国学、诵经典的热潮正在蓬勃兴起，既有数字阅读的风生水起，更有坚守或者回归传统纸质阅读的蔚然成风。

读纸质书，无疑有着其他阅读方式所无法比拟的独特体验，一册在手，可以边读边做批注、写札记、勾画重点，也可以掩卷深思，细细品读。这种探究式阅读方式，有利于人们学习知识、启迪智慧、提升修养、提高境界，也有利于培养孩子们安静学习、锤炼思想、闻着书香做学问的良好习惯。

为了倡导全民阅读，特别是推进纸质阅读，营造爱书、品书氛围，同时考虑到当下人们的生活日趋丰富多彩且节奏加快，闲暇时间越来越碎片化，读书时间相对减少,我们从浩如烟海的国学经典中精心遴选了80部,并对书的内容作了适度精简,编辑出版了"中华经典国学口袋书"系列丛书,希望吸引更多的人回归传统阅读,重视国学经典。"口袋书",顾名思义就是可以放在口袋里的书籍,其目的就是为读者奉献易于携带、便于翻阅、开卷有益的精神食粮。使他们于居家出行、茶余饭后,随时信手展读,含英咀华,增知怡情。

本丛书涵盖了经史子集、诗词曲赋、笔记信札、经典名句赏析,可谓贯通古今、包罗万象,能够最大限度满足各层面读者的阅读需求。书中既有对照古籍原文的"白话文",又有介绍典故出处、时代背景、人物事迹等辅助阅读的"注释",还配以帮助读者理解和提高的"赏析"。使对国学造诣程度各异的读者都可以做到读通、读懂,真正做到了老少皆宜、雅俗共赏。

这套书不仅在内容上编排严谨、注解精当;在外观上也充分彰显书籍之美,版式新颖,设计考究、印装精美,必定会成为您工作生活中的良师益友,带给您全新的阅读感受。

前　言

在波澜壮阔的历史长河中,曾经涌现出许多扭转乾坤、叱咤风云的宰相。在皇权社会里,作为最高行政首脑,宰相的地位非常特殊,堪称是整个国家的"二把手",扮演着"一人之下,万人之上"的重要角色,在整个皇权社会中发挥了至关重要的作用。

往事越千年,在中国历史上不乏一些良臣贤相,诸如管仲、诸葛亮等。他们文能治国,武能定邦;他们运筹帷幄,料事如神;他们忧国忧民,直言忠谏……对上辅佐天子,对下统率百官,既有政治家的雄韬伟略,又有极高的为政手腕,将国家治理得井井有条,促进了社会的发展,以自己超群的智慧支撑起整个民族的脊梁,成为中华民族引以为豪的精英。同时,也曾经出现了不少臭名昭著的奸相,诸如秦桧、贾似道等。他们为了满足自己丑恶的私欲,而不惜一切代价地大显媚态;他们独断专行,荒淫奢侈;他们贪赃枉法,巧取豪夺;他们结党营私,陷害忠良……将国家和人民推入了无底的深渊,成为万世唾骂的罪人,他们的名字将永远被钉在历史的耻辱柱上。

"以史为鉴,可以知兴替。"为了便于读者了解史实,以史为鉴,我们组织了一些谙熟史学的作者,群策群力,编辑了这部《中国宰相传》。本书选取了上起先秦的姜太公,下迄清代的李鸿章等历代宰相近百位,为之立传,虽管窥锥指,不能全部囊括,但读者可以窥一斑而见全豹。此外,由于有许多历史人物出将入相、将相一身,为了丛书的系统性、避免重复,《中国宰相传》《中国将帅传》两书在处理这类人物时做了有所侧重的安排。

目 录

姜　　尚 ········· 001

管　　仲 ········· 008

萧　　何 ········· 014

曹　　参 ········· 023

匡　　衡 ········· 029

曹　　操 ········· 034

诸 葛 亮 ········· 045

陆　　逊 ········· 055

王　　导 ········· 062

谢　　安 ········· 070

长孙无忌 ········· 078

魏　　徵 ········· 085

狄 仁 杰 ········· 094

姚　　崇 ········· 104

宋　　璟 ········· 114

寇　　准 ········· 121

范 仲 淹 ········· 131

- 王 安 石 …………………… 144
- 司 马 光 …………………… 154
- 李　 纲 …………………… 163
- 秦　 桧 …………………… 171
- 耶律楚材 …………………… 181
- 张 居 正 …………………… 192
- 范 文 程 …………………… 199
- 李 光 地 …………………… 206
- 张 廷 玉 …………………… 214
- 刘　 墉 …………………… 219
- 曾 国 藩 …………………… 223
- 李 鸿 章 …………………… 232

姜　尚

姜尚（约前1156－前1017），西周著名军事家、政治家，字子牙，东海（现江苏、山东一带沿海）人。因其祖上曾被封于吕，故又称吕尚，周文王时任宰辅、武王时被尊为尚父，三朝重臣。其最大的功勋在于推翻腐朽的商朝，建立周朝。

渭水垂钓　西岐拜相

姜尚踏上历史舞台正值商朝末年。商朝最后一个君主名叫商纣，是历史上著名的昏君、暴君。商纣王生活极其奢侈腐化，为了满足自己奢侈的生活，命成千上万的劳工不分日夜地为他修建了一座高台，

姜太公

称为"鹿台"。高台长三里，高千尺，上面饰满奇珍异宝。他还在院内挖出方池，在池中灌入美酒，称为"酒池"；在池边树林中挂上肉块，称为"肉林"。另外，纣王还有一个美艳绝伦的妃子名"妲己"。他非常宠幸妲己，为了讨她的欢心，整日不理朝政，沉湎于宴饮荒淫之中。

不仅如此，纣王残暴成性。为了修鹿台，无数劳工

死在沉重的劳役中。他命人打造一根铜柱，内置炭火，待铜柱烧红之后，将人衣服剥光，绑在铜柱上烫烙，称为"炮烙"之刑，专门用来惩处那些直言上谏，不按自己意愿办事的大臣。

姜尚就生活在这样的一个时代。他早年贫困，曾在棘津司厨卖过饭，在朝歌屠过牛、卖过肉，还做过小官，但深感纣王的无道而抑郁不得志，最后辞官而去。妻子马氏也离开了他。于是，无牵无挂的姜尚决定周游列国，寻一贤明君主佐之。后来，他听说西伯姬昌在西岐尊老且怀雄心大志，于是不远千里跋涉到西岐，垂钓于渭水边。

姜尚为了早日得到重用，他不用鱼饵，且直钩离水面三尺而钓。并且他还编歌教与渔、樵、耕、猎，让他们广泛传唱以期得到文王的注意。歌词中表达了自己怀才不遇，渴望遇到明主的心情。

果然，一天西伯姬昌来到渭水之滨，听到了渔夫、樵夫的歌唱，并借此找到了直钩垂钓的姜尚。他见姜尚仙风道骨，更多一分敬佩，便上前打躬询问："您鱼钩是直的，怎么能钓到鱼呢？"姜尚头也不回，朗声回答："这钩不钓鱼虾，专钓龙子龙孙，愿者上钩。"姬昌猛然醒悟，知道遇到了贤人，肃然起敬，上前与之交谈，十分默契。姜尚目光远大，学识渊博，令姬昌十分钦佩。于是姬昌邀姜尚一同上车回城，封为宰辅，即宰相之位。

翦除商翼　孟津阅兵

西伯侯任人为贤，姜尚也急于施展才华，以报"伯乐"识才。第二天，姜尚就上疏奏道："鸷鸟将要捕击时，必先弯曲其身子，收敛翅膀；猛兽将要捕斗时，必先垂下耳朵，趴在地上。大王要行动之时，必先装出愚钝的样子。"并提出了"修德以安内，施奇以谋商"的方针。

姬昌非常信任姜尚，也采用了他提出的方针，对内实行农人助公田纳九分之一租税，八家各分私田百亩，大小官吏都有分地，子孙承袭的政策。君臣的默契配合，使得西周迅速兴盛起来。

西周兴盛之后，姜尚开始了他的扩张计划。首先，调节了芮、虞之间的矛盾，使之成为自己的盟国。接着，征犬戎、伐密须、渡黄河、征邘灭崇，逐步翦除了商的羽翼，最后达到了"天下三分，二分归周"的局面，为一举灭纣创造了有利条件。

此时周的版图已经非常大，为了方便治理，姜尚建议，文王迁都沣京。不久，文王死，武王姬发即位，尊姜尚为"尚父"。姜尚又助武王推行善政，并教导之慎于行赏，使西周的政治愈加清明。

经过多年的备战，西周已蓄积了比较雄厚的力量。为了检验诸侯是否能云集响应，同心一致讨伐商纣，姜尚和武王决定在武王九年（前1059）在孟津举行军事演习活动,又称"孟津阅兵"。

军队出发前,姜尚左杖黄钺,右执白旄,威风凛凛号令军队:"苍兕苍兕,总尔众遮,马尔舟辑,后至者斩!"

姜尚和武王前往孟津,在渡黄河行至中流时,一条白鱼跃入船中。众人大奇。后渡过黄河在途中休息时,又见一团火球从天而降,落在姬发所住的房子上。转眼火球变成一只鸟,颜色鲜红。众人又大奇,都认为这是灭殷之初始征兆。

到了孟津,诸侯不召自来的有八百之多。众诸侯认为,征讨商纣的时机到了。但姜尚和武王认为时机还未成熟,而且此次阅兵的目的已达到,商定打算在民心彻底背离商纣之时再一举击垮它。于是,各诸侯班师而还。

灭商兴周　治乱平叛

之后的二年,纣王更加荒淫无道,杀比干、囚箕子,暴虐已至极点。姜尚认为伐纣时机已经成熟,决定与诸侯二次会师孟津,共同推翻商纣。同时,他也完成了他的军事杰作——牧野之战,以一役毕其功推翻商王朝而闻名天下。

公元前1046年,姬发与姜尚一同率领周师沿渭水循黄河向孟津进发。为了显示其不夺胜利誓不罢休的决心,率军渡过黄河之后,姜尚命令将船只全部烧毁,桥梁尽数拆除,以示此次出征已无退路。

行军途中,忽然一阵狂风将军中大旗折断,接着又出乎意料地下了一场大雨。武王命人占卜,卦象显示不利。有人建议姜尚退兵,姜尚非常生气,说:"今纣王将比干挖心、将箕子囚禁,重用飞廉之流的贪官污吏,伐之有何不当?用枯草占卜,能指望有什么结果?"仍令进兵。

比 干

两个月后,武王的部队在商朝都城朝歌外的牧野与商纣王的军队对峙。商朝的军队虽然人数众多,但大多数都是临时凑集的奴隶,他们早已恨透了商纣王的残暴统治,盼望有人早日推翻纣王,使他们获得解放。所以战事一开始,他们不仅没有抵抗周军的进攻,而且反戈一击,商纣王的几十万大军瞬间就溃不成军,土崩瓦解了。

纣王率领残兵败将逃回城内,感到穷途末路,气数已尽,于是穿上锦锈衣服,聚集起搜刮来的珠宝,登上鹿台,命令手下架起干柴,一声长叹,自焚而死。商朝的江山也随之化为灰烬。

姬发和姜尚率军杀入朝歌,发现纣王已死,于是宣布商朝灭亡,周朝建立。安抚好朝歌的百姓之后,姬发和姜尚凯旋还师。不久,武王建都于镐,周朝正式建立,史称西周。武王姬发论功行赏,共封了71个诸侯。因姜尚功高，且为东海人，所以把东临大海、西至黄河，土地肥沃的齐地封于他。

姜尚到齐之后，进行了一系列的整顿与改革。他首先废除了商纣留下的许多繁文缛节，整顿了吏治，了解礼仪风俗，制定各项规章制度。姜尚深知经济的重要性，所以非常重视工商业的发展。他利用地理优势，大力发展渔业、盐业。他又任人唯能，使人才多归于齐，使得齐国成了盛极一时的大国。

两年后，武王姬发病逝，其子姬诵即位，号成王。成王年幼，由武王弟弟姬旦辅佐，代为执行政务。武王的另外两个弟弟管叔姬鲜和蔡叔姬度非常不服，令下属四处散布谣言，说周公只名曰摄政，实际想篡位。流言传到周公那里，使他惴惴不安，连忙写信给远在齐国的姜尚，对此事作出解释。姜尚非常理解和支持周公，并给予了有力的帮助，最终消除了流言。

管叔和蔡叔见流言破灭，却仍不罢休，并且勾结商纣之子武庚叛乱。叛乱先由武庚的封地开始，逐渐蔓延到东至大海的广阔区域，刚刚平定的周室江山又硝烟四起。

在这紧要关头，周公决定平乱，并请求姜尚出兵协助，同时，授权姜尚及齐国可以征讨任何一个不服从周朝的诸侯，这使齐国多了一个特权，地位也明显高于其它诸侯国。姜尚欣然应允，经过3年的征战，终于平定了叛乱，纣王之子武庚被斩首，主谋管叔也被周公大义灭亲处死，蔡叔被流放。从此，齐国巩固了诸侯大国地位，成了周朝的东方屏障、擎天之柱。

姜尚的一生富有传奇色彩，前半生一直不得意，直到渭水边垂钓遇到文王拜相，此时他已年过花甲。其一生辅佐西周三代君王，无论文治还是武功都业绩非凡，几千年来一直受到人们的推崇与爱戴。

管 仲

管仲(？－前645),春秋第一名相。名夷吾,字仲,颍上(今安徽颍上)人。他对内在政治、经济、军事上施行一系列改革;对外采用"尊王攘夷"的方针,最终使齐桓公成就了一代霸业。

管鲍之交　齐国拜相

管仲(？－前645),名夷吾,颍上(今安徽颍上)人。管仲有位好朋友鲍叔牙,他深知管仲之才,对他非常敬重。"贫贱之中见真情"。在管仲生活最困苦的时候,好友鲍叔牙向他伸出了援助之手,诚心诚意地帮助他渡过难关。他们俩曾经一起经商,赚了钱,管仲总是多分给自己,少分给鲍叔牙。然而,鲍叔牙却从来不和管仲斤斤计较。对此人们背地议论说管仲贪财,不讲友谊。鲍叔牙知道后便替管仲解释,说管仲不是不讲友谊,他这样做,是由于他家境贫寒,多分给他钱,是自己情愿的。管仲三次参加战斗,但三次都从战场逃跑回来。因此人们讥笑他,说管仲贪生怕死,没有牺牲精神。鲍叔牙面对这种讥笑,深知这不符合管仲的作为,就

管　仲

向人们解释说：管仲不怕死，因为他家有年迈的母亲全靠他供养，所以他不得不那样做。管仲知道鲍叔牙这样对待自己，非常感激地说："生我者父母，知我者鲍叔牙。"两人至此结下了金兰之好。

管仲和鲍叔牙都有远大的政治抱负。他们弃商从政后，分别去辅佐齐襄公的两个弟弟。管仲看好公子纠，鲍叔牙却看好公子小白。不久，齐国发生内乱，公子纠与管仲逃往鲁国，公子小白与鲍叔牙逃往莒国。又过不久，齐襄公的堂弟公孙无知杀死襄公自立为国君。没过几天，他又被民众杀死，齐国出现了国无君主的局面。

公子小白之母是卫国之女，受宠于齐僖公。齐国于是就派人前往莒国迎小白回国为君。鲁庄公则想立公子纠为齐君，他得到消息后，立即派管仲率领一部分兵马去拦截公子小白，以消灭公子纠的竞争对手。

管仲带着30辆兵车，日夜兼程，赶到了莒国通往齐国的必经之路即墨（今山东平度东南），在那里埋伏守候。当公子小白的车队一出现，管仲对准公子小白一箭射去，正好射中了小白的铜衣带钩。小白立即倒在车中，假装被射死。

管仲见公子小白已被射死，便赶快派人报告鲁庄公小白已死。这一来，护送公子纠的队伍放了心，也就放慢了行路的速度，结果一直走了6天才到达齐国。而这时候，公子小白早已赶到了齐国，被立为国君，是为齐桓公。

齐桓公即位后,鲍叔牙向齐桓公推荐了管仲。齐桓公十分恼怒地说道:"管仲用箭射我,企图致我于死地,我难道还能重用于他吗?"

鲍叔牙劝齐桓公道:"做臣子的理应各为其主。他拿箭射你,正是他对公子纠的忠心,可见此人的忠心耿耿。常言道:一臣不侍二君。管仲的忠心天地可知,神灵可明。论本领,管仲比我强百倍。主公如果想干一番大事业,非用管仲不可。"齐桓公本来就是个宽宏大量的人,听了鲍叔牙的话后,原谅了管仲的过错,并任命他为相,让他协理朝政。

辅佐桓公　称霸诸侯

管仲任相后,深受齐桓公重用,得以大展其才。一天,齐桓公向管仲请教治国之策。管仲答道:要使国家强盛,首先要发展经济,只有发展生产,才能富民足食。"仓廪实而知礼节,衣食足而知荣辱"。礼、义、廉、耻是维护国家的根本原则,这些原则若被破坏了,国家就要灭亡。只有发展经济,弘扬这些基本原则,国家的法纪制度才能建立起来,国家的力量才会强大。齐桓公听了点头称允,放手让他在国内大刀阔斧地进行经济改革。

改革伊始,管仲首先打破井田制的限制,采取"相地而衰征"的进步措施,即按土地的好坏,分等征税,让百姓安居乐业。他还积极提倡开发富源。由于齐国东临大海,他鼓励百姓大规模地下海捕鱼,用海水煮盐,对渔、盐出口皆不纳税,以鼓励渔盐贸易。同时,他下令齐国各地大开铁矿,多制农具,提高耕种技术。为进一步加强对盐、铁的管理,管仲还设置盐官、铁官,利用官府力量发展盐、铁业。当时离海较远的诸侯国不得不依靠齐国供应食盐和海产,别的东西可以不买,而盐非吃不可。因此,齐国收入渐渐增多,日积月累,逐渐富裕强大起来。

在对外政策上,管仲积极促使齐桓公采取"尊王攘夷"的方针。因为在当时如公开夺取天子的权力,必然会招致诸侯们的联合反对,而"尊王(周天子)"则可从道义上得到诸侯国的支持;"攘夷"是一方面致力于抵御严重威胁中原各国安全的北方少数部族山戎和狄人,另一方面则是暗中遏止从江汉极力向北扩张的楚国(楚国非西周初年分封之国,当时被视为蛮夷之邦),这是中原诸国的共同心愿。

晋献公十五年(前662),鲁国发生内乱,鲁闵公被庆父杀死,鲁僖公即位,庆父畏罪自杀。这正是"庆父不死,鲁难未已"的典故所在。僖公为了巩固君主地位,与齐国会盟于落姑,有齐国的保护,鲁国得以安定下来。至此,齐桓公德名远播诸侯,威望散布天下。

管仲还辅佐齐桓公领导同盟国共同打击夷狄。管仲认为:齐国如果能够治服北方戎狄,就消除了中原大患,齐国的威望将在诸侯中得到极大提高。当时位于东周最北方的燕国，经常受戎、狄族的侵扰。于是，在燕军的密切配合下，齐桓公亲率大军北征，将山戎打败。山戎的残兵败卒向东北方向逃窜，齐桓公率军穷追不舍，将山戎的同盟国令支和孤竹击败之后才回师燕国。齐军的胜利极大地提高了齐桓公的号召力，使得渤海沿岸一些部族小国纷纷归顺了齐国。

将山戎打败之后，齐桓公听取管仲的意见再次领导同盟国打击北狄。北狄人灭了卫国，还杀了卫懿公，拆掉了卫国的城墙，到处烧杀抢掠。由于北狄人的洗劫，卫国国都只剩下730人，加上从别处逃来的，也只有5000多人。卫国国都四处废墟一片，齐桓公率兵赶往卫国，狄人纷纷溃退。第二年，为了帮助卫国重建家园，齐桓公牵头联合宋、曹两国帮助卫国在楚丘（今河南滑县东）建立新城作为国都。齐桓公大义救卫，慷慨扶助，使得他在中原诸侯国中的威望更高了。

周惠王二十一年，齐桓公率领齐、宋、陈、卫、郑、许、曹、鲁等八国军队打败靠近楚国的蔡国，接着以楚国不向周天子进贡祭祀的包茅和周昭王被淹死于汉水为理由，进军楚国。最后迫使楚国在召陵（今河南郾城东）与之结盟修好，挡住了楚国北进的势头，楚国接着也派使臣向周天子进贡包茅，表示尊王。

齐桓公北阻戎、狄，南遏楚国获得成功后，得悉周惠王想废太子郑，另立太子，便出面力保太子郑的地位，反对周惠王废长立幼。他在从召陵回来的第二年（前655），又以拜见太子为名，邀集诸侯在首止（今河南睢县东南）集会，周惠王只好让太子郑去首止同诸侯见面，等于公开肯定太子郑的地位。周惠王二十五年（前652），周惠王死，齐桓公在洮（今山东鄄城西南）召集八国诸侯相会，拥立太子郑为王，这就是周襄王。襄王感激桓公，准备派人送给祭肉、弓箭和车子。齐桓公乘机以招待周王使者为名，在周襄王元年（前651），于葵丘（今河南兰考）会盟诸侯。周襄王便派宰孔为代表参加，并特许齐桓公免去下拜谢恩的礼仪。齐桓公本想答应，但管仲说："不可。"齐桓公这才下拜接受周襄王的赐物。管仲之所以这样，就是想让齐桓公给人以处处维护周天子的印象。

齐桓公四十一年（前645），管仲病重，他看到已届古稀之年的齐桓公骄横专断、贪恋美色、喜欢阿谀奉承，一批佞人则受到宠信，而他的六个儿子又都想继位，管仲担心国家将发生大乱。为此，他劝齐桓公务必立公子昭为太子，并疏远奸佞小人。当齐桓公向他问起易牙、竖刁、开方等人可否为相时，管仲指出：竖刁自宫来伺候国君、易牙杀了自己的儿子煮给国君吃、开方背弃喜爱自己的父亲来讨好国君，都是不合人情的，他们决不会爱别人，不会忠于齐桓公，对这些人绝不能任用。但齐桓公听不进管仲的这些逆耳忠言。管仲去世后，桓公就重用这三人，从此，齐国的政局更加混乱。

萧 何

萧何(？—前193)，汉初丞相。秦末泗水沛(今属江苏)人。汉高祖刘邦谋士、辅臣。封相国，与韩信、张良一起被誉为"汉初三杰"。谥号"文终侯"。

智识刘邦　巧谋善断

萧何出身较为低微，是一个地地道道的平民百姓，生活在秦始皇君临天下之时。他虽然胸怀大志，但为人却十分小心谨慎，从来不会做没有把握的事情。萧何熟悉法律条文，在沛县做功曹，充当县令的副手时办案公正，很有政绩，充分显露出了自己治国安邦的才华。因此，他在当地的名声也非常响。

萧何喜欢结交朋友，他交往的朋友中就有刘邦、曹参。刘邦当时是泗水亭的亭长，萧何身为沛县主吏，地位远在刘邦之上，但萧何却对刘邦十分偏爱，对他很是照顾。有一次，刘邦押了一群犯人去咸阳，各地的官员都送钱给刘邦作为路途的费用，都只送少许钱，惟独萧何厚金相赠。萧何对刘邦非常器重，还充当刘邦的月老，将吕雉介绍给刘邦为妻。

就在这时，陈胜、吴广在大泽乡首揭义旗，起兵反秦。沛县县令也想响应他们的起义。于是，萧何、曹参建议召已经起兵的刘邦共举义旗。然而等到刘邦来了后,沛县县令却背弃前约,闭门不纳,并且要诛杀萧何、曹参。萧、曹二人惶然无措,急忙逃出。刘邦大怒,用箭把信射入城内,告谕城中父老,陈说事情利害。城中吏民便一起杀了沛县县令,开门迎接刘邦。刘邦依仗萧何、曹参,收聚沛县子弟3000人,响应陈胜、吴广。等到刘邦做了沛公,萧何便做了县丞,督办诸种事务。从此,萧何便跟定了刘邦,为之出谋划策,用自己的远见卓识辅弼刘邦建功立业。

沛公刘邦军势日益壮大,不久攻占了秦朝的都城咸阳。一入城,将领们都忙着赶往秦都府库,抢掠金银宝物,而萧何却直入官府,收集秦朝丞相御史的律令图书,并认真加以收藏保管。刘邦后来能够熟知天下的险关要隘、郡县的户口多寡以及民生疾苦、社会状况,在争夺天下的过程中顺时应变,都得力于萧何所收藏保护的图书典籍。

秦帝国灭亡后,项羽封刘邦为汉王,令其建都南郑;又将关中之地分为三份,封给秦的三位降将,命他们阻挡刘邦东归。刘邦当然不甘居于偏僻之地,打算率军与项羽硬拼。萧何与张良等人认真分析了当时的两军实力,认为不能与项羽发生正面冲突,因为敌势太大。应该先保存实力,等待时机,再与项羽

萧　何

争雄。他们提出应该据汉中,招贤人,养百姓,收巴蜀,攻占三秦,然后再统一天下。事实证明,萧何等人的见解是可行的,也真的成了刘邦夺取天下的总方针。刘邦听从了他们的意见,并封萧何为丞相。

月下追韩　运筹关中

萧何身为丞相,一面为刘邦治理政务,一边网罗贤才为刘邦所用。萧何用人的原则一向是惟才是举,既能识别人才,又能尊重人才,他深知治国治天下没有人才是不行的。其中韩信是萧何为刘邦推荐的一名在争夺天下的过程中发挥了极其重要作用的人物。当时韩信只是刘邦手下的一个负责钱粮的小官,由于不被重用,韩信连夜逃跑。萧何来不及禀告刘邦就连夜亲自去追韩信,后来终于将韩信追了回来。事后萧何向刘邦推荐说:"韩信是个难得的栋梁之才,如果陛下想要拥有天下,那么没有韩信是万万不可的。如果大王仅仅想当个汉中王,那么韩信有无都无所谓。"刘邦听从萧何的建议,亲自为韩信设坛拜将。韩信后来果然成了刘邦麾下的一位横扫千军的帅才。

公元前 206 年八月,偏居南郑的汉王刘邦听取了大将军韩信提出的"先攻取关中,后图项羽"的建议,用"明修栈道,暗渡陈仓"之计攻取了关中。这样一来,刘邦便夺取了函谷关以西的广大地区,实现了第一步战略目标。随后刘邦挥师东进,正式拉开了楚汉战争的帷幕。

楚汉战争开始后,刘邦率领大军在第一线作战,萧何留守后方。部队的粮草辎重等都由后方提供,萧何办事稳妥,治国有方,在楚汉战争中是刘邦最坚强的后盾。他倾注全部的精力治理关中,守住后方,采取了一系列行之有效的治国安邦之策。在他的治理下,百姓安居乐业,生产得到很大的发展,充分满足了前线将士的需要。

公元前204年,刘邦与项羽争夺天下,在京索两地对峙。汉王派使者慰劳丞相。有人建议萧何应该派自己的子孙兄弟都上战场,以消除刘邦的疑心。萧何听从了他的意见,让自己的兄弟子孙都上战场。刘邦非常高兴,从此对萧何更加信任。

在刘邦与项羽争夺天下的过程中,刘邦也经历过惨痛的失败,但萧何始终都是他最坚强的后盾。公元前205年四月,两军交战于彭城。项羽的3万精兵打败号称50万精兵的刘邦。汉军逃到谷、泗两河之中,被杀和淹死的多达10万余人。楚军乘胜追击,刘邦仅带了十几个人逃走。这一仗刘邦几乎全军覆没。这次惨败,按常理来说刘邦再也无力与项羽争夺天下。但丞相萧何调集了后方所有军饷送到前方来,并将关中所有的军士都征集起来,供刘邦指挥。这样汉军又重新振作起精神来。最终,相持4年的楚汉战争以项羽自刎乌江、刘邦君临天下而告终。

论功第一 制定律令

刘邦称帝后,在宫殿上论功行赏。刘邦认为萧何的功劳最大,其他功臣却说:"我们这些人披甲上阵,打了几十次甚至上百次战役,如今萧何未曾有汗马功劳,只知舞文弄墨地发议论,反而位居我们之上,这又是为何呢?"高祖说:"知道狩猎吗?在狩猎时,追杀野兽兔子的是狗,而发现踪迹指示野兽兔子所在的是人。现在诸位是有功之狗,萧何则是那发现踪迹的猎人。况且诸位只是孤身跟随我南征北战,多的也只是两三人,而萧何是发动全族数十人都跟随我,功劳不可忘啊!"群臣这才心服口服。但轮到评位次时,众功臣都说:"平阳侯曹参身负多处重伤,攻城略地功劳多,应该排第一。"但关内侯却进言说:"曹参虽然有攻城略地之功,但这只是一时之事,皇上先前与楚军对峙多年,军队常常失败,而萧何总是从关中派遣军队来补充军需,这种情况多次发生。陛下丢失山东地盘,萧何总是保全土地以待陛下,这是万世之功,没有曹参等数百人,对汉室没有什么损失。若没有萧何,则汉室难以保全,所以应当萧何第一位,曹参第二位。"皇上点头称赞,封了萧何第一,赐带剑穿鞋上殿,入朝可以不小步快走。

楚汉之争结束后,社会经济破败,民生凋弊,人们盼望有清明廉洁的政治与宽仁有序的律令。基于此，从刘邦称帝咸阳开始，萧何制定了一系列措施，请皇帝治令发布。主要有以下几种措施：其一，组织军队复员。萧何提议，组织军队官兵复员为民，根据他们的功绩大小，按照军功爵位的高低，赐给数量不等的土地；同时还规定，这些复员的官兵愿留在关中者，免除12年的徭役，回归原籍的，免除6年徭役。这就使不少人热心从事农业生产，对汉代经济的复苏与发展大有助益。其二，赐军吏卒以爵位。萧何所制定的法律规定，凡军吏卒爵在大夫以下或无爵者，皆赐爵为大夫；位在大夫以上者，晋爵一级；爵在七大夫以下者，免除全家赋役；七大夫以上者，分给食邑，是为高爵，其地位等同于县公、丞相，应先给予田宅。这就提高了政权的凝聚力，稳定了政权的阶级基础。其三，招抚流亡。令战争期间流亡山泽、不著户籍的人口，各归原籍，"复故爵田宅"。这在某种程度上，安定了人民生活，恢复、发展了农业生产。其四，释放奴婢。诏令规定，因饥饿而自卖为人奴婢者，皆免为平民。

　　这些措施是萧何根据当时的特殊情况而采取的。这些措施的实施，客观上缓和了阶级矛盾，安定了当时的社会秩序，对生产的恢复也有较大作用。

计除韩信　遭受猜疑

公元前201年，有人说韩信谋反，刘邦采用陈平之计，假意到南方游猎而诱捕了韩信，并将韩信押赴洛阳。韩信被捕之时，仰天长叹道："果然如人所言：狡兔死，走狗烹；飞鸟尽，良弓藏；敌国破，谋臣亡。"回到洛阳之后，刘邦因为没有充分的理由杀掉韩信，就改封他为淮阴侯，实际上却是剥夺了楚王韩信的兵权。公元前196年，巨鹿郡守陈豨公开叛变朝廷，自立为代王，刘邦亲率军队前去镇压。这时，留守在朝廷的吕后闻知韩信暗通陈豨，便与萧何密谋，派一人假装从前线汉王那里回来，报告说陈豨已经被活捉处死，然后又通知朝中文武百官进宫庆贺。萧何为防止韩信托故不到，还亲自登门欺骗韩信说："你虽然有病，还是勉强去祝贺一下为好。"韩信无奈，只得进宫。当韩信一跨进宫门，即刻就被吕后预先埋伏的武士捕获，紧接便被带至长乐宫的钟室斩首，且三族被诛。

韩信被杀，汉高祖封丞相萧何为相国，加封地5000户，使役士兵500人，并且专派一名都尉负责保护相国之安全。大家都向萧何道贺，唯独召平却来致吊。召平对萧何说："您将从此遭祸了。陛下连年征战，餐风宿露，您却安居都中，不被兵革。如今又被加封食邑，又被人服侍保护，表面上是尊您崇您，实际上是猜疑您呢！"萧何原不曾想到这一层，经召平这一提醒，他马上意识到韩信被诛之后，自己功高压主，已成了皇帝疑忌的首要对象了，非常惶恐，不能自解。召平建议，不要接受封地，倾家中之财移作军需，自可免祸。萧何依言而行，高祖甚为欢喜，暂时消除了对萧何的疑忌。

汉高祖十二年（前195）秋，黥布谋反，刘邦亲自率兵攻打，虽然远离都城，但刘邦总在惦念着萧何，屡屡问使者萧何在做些什么。使者如实告诉刘邦，说他在安抚百姓，把家财全部给了军队。刘邦听了不说什么。有人劝萧何说："您在关中呆了10多年了，深入民心，百姓都亲近您，由于勤恳为民，得到了百姓的由衷敬爱。皇上是怕您撼动关中。现在您何不多买田地，放高利贷来败毁名誉，以让皇上心安呢？"于是萧何听从了他的意见，进行自我贬损。

刘邦打败了黥布的军队，在返回途中听说萧何在家强取豪夺百姓的土地房屋后特别恼怒，并派人将萧何拘禁起来，打算治他的罪。后来通过别人的求情，才将年事已高的萧何从监狱中放出来。

公元前195年，汉高祖刘邦驾崩。年老体弱的萧何毅然辅佐太子刘盈登上了帝位，是为汉惠帝。惠帝二年（前193），萧何病重不起。萧何病危之际，汉惠帝亲自来探

韩信

视他，趁机询问萧何道："您百年之后，有谁可以代您为相？"

萧何回答说："知臣莫若君。"

惠帝猛想起高祖遗嘱，便接口道："曹参可好吗？"

萧何在病床上，声嘶力竭地说道："陛下所见甚是，陛下任曹参为相，我萧何虽死，也可以瞑目了。"这番话充分表明萧何对曹参寄予的诚挚厚望。

汉惠帝二年，一代名相萧何溘然长逝。

曹 参

曹参(？－前190)，汉初丞相。秦末泗水沛（今属江苏）人。封平阳侯。谥"懿侯"。他早年与萧何一起追随刘邦。继萧何为相后，他遵循萧何之法度的原则，维护了国家政策的连续性，从而维持了汉初的繁荣稳定。

攻城野战 期功甚巨

曹参在秦朝时，任沛县的狱掾，执掌刑狱之事；而当时，萧何任沛县主吏。两人都是沛县吏员中颇有影响的人物。

秦二世元年（前209），曹参与萧何一起帮助刘邦起兵反秦。等到刘邦为沛公时，曹参以中涓的身份跟随。此后，曹参转战于今天的山东滕县、泗水、东河、定陶及江苏丰县、沛县、安徽砀山、河南濮阳一带。

第二年闰九月，曹参跟随刘邦西进伐秦，历时14个月，攻入咸阳，破秦兵，灭秦朝。刘邦被封汉王后，论功行赏，封曹参为建成侯。

曹参随汉王入汉中后，升任将军。接着，他追随汉王，平定三秦。他先在壤乡东和高栎一带大败敌军，又围困章平部队。章平从好畤城逃走。紧接着，曹参击溃了赵贲和内史保,并占领了咸阳,将咸阳更名为新城。

曹参率军守护景陵,前后20天。三秦使章平等率部攻打曹参,曹参迎击,大获全胜。汉王即将宁秦赐给曹参为封地。

此后,曹参随汉王出临晋关,转战河内,攻修武,渡围津,又挥师东向,在定陶打败龙且、项他,接着攻占砀、萧、彭城。后来直接与项羽部队对阵,项羽部兵强,汉军大败逃窜。但曹参攻占了雍丘,独尝胜果。

曹 参

在楚、汉争雄的三年中,一直是楚强汉弱,许多人都背汉投楚了。曹参与萧何一样,都是刘邦坚定的追随者,不仅忠心不二,而且为平叛做了不少工作。当时,王武在外黄反叛,程处在燕地反叛,曹参率部讨伐,尽破王、程叛军。柱天侯在衍氏地造反,也被曹参平息。曹参还从昆阳攻击羽婴,一直追赶到叶地。随即挥师攻武强,趁势进驻荥阳。

高祖二年(前205),曹参被任命为假左丞相,驻守关中。过了一个月,魏王豹造反,曹参又与韩信一起平定齐地,攻占52城,汉王赐平阳为曹参的食邑。

此后,曹参又跟随韩信在邬县之东攻击赵相国夏说的部队,斩夏说大获全胜。韩信和张耳领兵到井陉,攻成安君陈余。曹参回军将赵国别将戚将军围在邬城。戚

【十八学士图】卷 局部 〔清〕孙祜周鲲丁观鹏画 中国台北故宫博物院藏

将军在突围之中被曹参杀死。

韩信任齐王后,与刘邦会兵垓下,一举消灭了楚王项羽,而此时的曹参则留在齐地,继续收服那些没有归顺的人。汉王刘邦登上皇帝宝座后,韩信转封楚王,曹参也归还了丞相的印绶。高祖任命长子刘肥为齐王,任命曹参为齐相国。后改称齐丞相。

高帝六年(前201),高祖与诸侯剖符,赐曹参为列侯,食邑平阳10630户。从此,曹参进入了列侯的行列。

此后,曹参又以齐相的身份攻打陈豨的将领张春,大破其军。黥布造反,曹参跟着悼惠王率领车骑12万,与高祖会击黥布军,往南一直到蕲,回师平定了竹邑、相、萧、留等地。在作战中,曹参总是身先士卒,亲冒矢石,果敢威猛,因而屡建大功。

汉高祖刘邦排定功臣位次时,大家都说曹参屡经战阵,身受七十余创,攻城略地,所向披靡,立功最多,应该排在第一位。但是刘邦认为萧何功在万世,而曹参"虽有野战略地之功,此特一时之事耳"。因此,萧何被排在第一位,而曹参则排在第二位,曹参对此颇有不满。

清静无为 萧规曹随

曹参任齐相前后共达九年。在此期间,曹参请来了精通黄老之术的盖公。盖公给他讲了好多道理,诸如治道清静而民自定之类，因此，清静无为的治国之道，对曹参影响很大。曹参为了表示对盖公的尊敬，自己便搬出正堂，让盖公住在正堂之内。总的说来，曹参用于治齐者就是黄老的清静无为、与民休息的办法。由于这些办法符合当时社会实际和人民的心理愿望，所以齐地大治，社会安定，经济繁荣。大家都夸曹参是贤相。

惠帝二年（前193），萧何逝世。曹参闻知消息，吩咐家人赶快整治行装。他对家人说："我马上就该入朝为相国了！"过了不久，朝廷果然派使者来召曹参。曹参临别，嘱咐接任齐国丞相的人说："我走之后，请你留意狱市，慎勿轻扰为要。"接任者问道："一国政治，难道除此之外，再无重要之事了吗？"曹参说："这也并不如此。不过，狱市是善恶并容的。若定要——查究，坏人将无所容身，定会滋生事端。这就是我谆谆告托的原因所在。"

曹参继萧何为相之后，为政全遵萧何旧制，凡事无所变更。他择选郡国官吏中年龄较大、不善言辞、谨厚老实的人，任命为丞相吏，而斥去那些说话行文苛刻深求、一意追求虚名的官吏。然后曹参便整天饮酒，不理政务。卿大夫以下的官吏和一般宾客都想对他有所劝谏。但一有客来，曹参便请他同饮美酒。一杯未了，又复一杯，使来者根本没有机会说话。来时清清醒醒，去时昏昏沉沉，便有千句言词，也无济于事了。后来渐渐成了习惯，大家都以为常事了。

上有行者,下必效尤。相国喜饮贪杯,属吏也乐得仿效。这些属吏们居住在相府后园附近的寓所中,常常聚坐快饮,谈天说地。饮到半酣,脱略形迹,鼓噪歌呼,声达户外,连相府中也能听得清清楚楚。曹参的从吏对此很不满,但也无可奈何。于是便请曹参到后园游览,希望他听到属吏的歌呼叫嚣后,能出面禁止。谁知曹参听了之后,不仅没有追究禁止,反倒唤人取来酒菜,在园中择地坐下,且饮且歌,与属吏之声迭相应和。

曹参为人宽缓能容,见人有小过失,便替他掩饰遮盖。相府中,上下相亲,安然无事。惠帝见曹参如此情形,疑心他是看自己年轻,才如此疏放,便对曹参的儿子中大夫曹窋说:"你回去,悄悄问问你父亲,就说:'高皇帝刚刚去世,皇上继位不久,全仗您维持,现在您却只知饮酒,无所事事,怎能挂虑天下安危呢?'不过,你要记住,千万不要说是我让你问的!"曹窋趁洗沐休假之日回家,找了个闲空,如惠帝所教,进问曹参。曹参闻言大怒,打了曹窋二百板子,说:"赶快回宫去尽你的职分吧!天下大事,也是你可以乱说的吗?"

后来上朝时,惠帝责备曹参:"曹窋为什么挨打?他说的话,都是我的意思,是我让他去劝谏你的!"曹参谢罪之后问:"陛下自思,您的才德能不能比得上高皇帝?"惠帝回答:"我怎敢与高皇帝相比!"曹参又问:"您看我的才能能比得上萧相国吗?"惠帝摇头:"我看你比不上。"曹参揭出主题:"陛下所见甚明。从前高皇帝与萧何平定天下,明订法律,备具规模。如今只要您垂拱在朝,臣等守职奉法,遵循勿失,便算是能继先人了。难道还想胜过一筹吗?"惠帝听后,对这看法颇为赞同。

曹参为相三年,谨守萧何之法度,推动了社会生产的进一步发展,也使汉政权得到了进一步巩固。后人把曹参的这一做法称为"萧规曹随"。

惠帝五年(前190),曹参病死。

匡 衡

匡衡（生卒不详），字稚圭。汉元帝朝丞相。西汉东海承（今山东枣庄南）人。建昭三年七月代韦玄成为相，建始三年因罪免为庶人。早年的匡衡以勤奋好学著称，后以经学入仕，敢于直言上谏，为相期间政绩平平。

家贫苦读 终有所成

匡衡出身于贫民家庭，因此幼年的匡衡生活比较贫苦。然而，这并没有丧失他立志求学的信心。

贫困的家庭不能为匡衡提供大量的书籍供他阅读钻研，恰巧，家乡有一大户，藏书较多。匡衡便寻找机会去给这家大户做佣工。他勤苦劳作，任劳任怨，但等到发工钱时却一再推辞不要。主人非常奇怪，反复问他缘故，匡衡于是提出了不要工钱但可以通读他家藏书的要求。主人被他守志力学的精神所感动，借书给他。

由于家中清贫点不起油灯，匡衡就将自己家的墙壁凿了一个小洞，每天天黑之后，匡衡凭借从小洞中折射进来的邻居家的灯光刻苦攻读。久而久之，学问终有所成，凿壁借光的故事一直被后人称颂流传。

由于聪明伶俐，又加上孜孜不倦地学习，匡衡终于学有所成,不仅对《诗经》耳熟能详,并且还有自己独到的见解,已经明显超过了他的同龄人。儒生们曾经对他做出过这样的评价:"不要谈论《诗经》了,匡衡就要来了;匡衡解释《诗经》,比你们强百倍。"

学有所成的匡衡后来经过考试,被任命为太常掌故,调补平原文学。当时学者们都纷纷上书推荐匡衡,称赞他对经学的精通世上无人能与他相比。因为当时好多儒学后进都想追随他,所以不宜让他到远方供职,鉴于此种情况,朝廷便令太子太傅萧望之、少府梁丘贺面试匡衡,奏报朝廷。面试时,匡衡阐述《诗经》大义,内容深邃、文采华美。萧望之、梁丘贺乃回奏朝廷,说众人对匡衡的称赞绝非夸张之辞,并说匡衡学术有渊源,可资观览借鉴。然而,皇帝当时不太任用儒生,所以没有接纳二人意见,仍令匡衡赴平原文学任。但是,匡衡对策的从容渊雅却在皇太子脑海里留下了深刻的印象,而且深深喜欢上了他。

屡有建言　元帝器重

不久,宣帝驾崩,元帝继位。当时,乐陵侯史高因外戚为大司马车骑将军领尚书事,前将军萧望之为副。一代名儒萧望之因做过皇帝的老师,元帝念其旧恩,对他特别信任倚重。相比之下,史高反倒显得有点像是充员备位的。因而萧望之深受史高所忌。长史令杨兴劝史高搜罗贤者,荐之于朝,以提高自己的声望。

史高依从长史令杨兴之议,四处搜罗贤者以荐之于朝。于是,史高提匡衡为议曹史,并且将他荐举到朝廷。朝廷任命匡衡为郎中,后升任博士、给事中。从此,匡衡开始了他的官宦生涯。

不久,日食现象发生,接着,有的地区发生了地震。元帝召来匡衡,问他政治上的得失。匡衡指出,保发者,应该陈之以德义,示之以好恶,观其时而制其宜。故劝之而和,绥之而安。今天下俗,贪财贱义,好声色,上侈靡,廉耻之节薄,淫辟之意纵,纲纪失序,疏者逾风。亲戚之恩薄,婚姻之党隆。苟合徼幸,以身设利。并且指出,倘若我们不攻其厚,虽岁赦之,弄犹难使错而不用也。于是,他提议应该旷然大变其俗。他认为,世事纯属天人相感,上作下应。只要皇帝能祗畏天戒,哀悯元元,省靡丽,考制度,近中正,远奸佞,崇至仁,匡失俗,自然人化可以,休征自至。闻听此言的汉元帝十分高兴,立即任匡衡为光禄大夫,太子少傅。

善于听取别人的意见是汉元帝最大的优点,只要有人上奏,他就亲自去召见。由于傅昭仪及其儿子定陶王受到皇上的异常宠爱,渐渐超过了皇后、太子。匡衡于是上书,一方面劝皇帝"详览统业之事,留神于遵制扬功,以定群下之心,使巧伪之徒不敢比周而望进",一方面劝皇帝"克定厥家",慎防其端,禁于未然,不应得新忘故、移卑逾尊,应该不以私恩害公义,从而达到正家而天下定的结果。

匡衡的上书传到皇上那里,他的意见也得了元帝的赞同。于是太子又获得了新宠。

引经据典,言辞符合法度义理,是匡衡进谏的特点,而这些全都让皇上钦佩万分。元帝自始至终地认为匡衡是完全可以进入公卿之位的贤臣,因此便将他任命为光禄勋、御史大夫。建昭三年,匡衡代替韦玄成坐了宰相之位,被封为乐安侯,封食邑600户。元帝驾崩,成帝即位。匡衡曾经上疏奏请成帝谨慎地处理婚配,广读经书,潜心研究礼仪细节。成帝对他的意见均细细采纳。没过多久,匡衡为培养成帝爱护人民、力图兴国的思想,于是又上书奏请成帝在京城的南北郊举行隆重的祭天仪式。

附和循默　无所作为

中书令石显早在元帝时期就开始把持朝政,专横跋扈,致使朝中大臣人人自危。匡衡循默苟安,甚至曲意阿附,不敢稍违其意。后来,成帝即位,居丧期间,政事全由王凤掌握。王凤素知石显顽恶,意奏请主上夺去其权,调任长信太仆。匡衡见石显失势,就和御史大夫甄谭一起上奏,弹劾石显的种种罪恶。于是,石显被免官,勒令回籍,后又死于途中。

弹劾石显及党徒之后,应该可以盖其前愆,从此无忧了。不料，朝中直臣王尊，不满于匡衡、甄谭的上下反复，上章劾奏二人，词语严正锐利。

刚刚登上皇位的汉成帝为了褒奖优礼大臣，不便立即斥逐三公，对此不予深究。但匡衡却十分恐惧羞惭，只好上书请罪，并借称自己有病交还丞相与乐安侯的印绶，请求免职。皇帝温语抚慰，说他此时告归是显示皇帝不明察，劝他专精神、近医药，强食自爱。同时皇帝还对王尊进行了贬斥，将印依旧赐还给匡衡。

匡衡每一想到在群臣中享有很高威望的王尊，内心就十分惶恐不安。每当遇到洪涝灾害，他便上书坦言自己治理不善，请求告老还乡，但成帝每次都是苦苦相留。无奈之余，匡衡只得继续辅佐成帝。

尤其令匡衡不安的是当时偏偏异事接连发生，这种情形颇令人尴尬。

几年后，匡衡的儿子越骑校尉匡昌因酒醉杀人被关入狱中。越骑官属与匡昌的弟弟谋人，想劫匡昌出狱。谁料想事情败露，匡衡主动摘掉乌纱、赤着脚向成帝请罪，成帝派谒者命匡衡戴冠穿鞋。

这时，匡衡又被司隶校尉王骏等人弹劾非法侵占国家土地。原来，匡衡因郡图有误，多占封地400顷，收取租谷千余石。于是，朝廷便将匡衡贬为庶人。这一系列打击使匡衡忧郁不已，以致最后成疾病死。

曹　　操

曹操(155—220)，汉献帝朝丞相。字孟德，又名吉利，小名阿瞒。东汉末沛国谯(今安徽亳县)人。曹操文韬武略杰出，才干非凡，是当时著名的政治家、军事家和文学家，对东汉末期社会经济发展、政治变革和文化繁荣起到了积极的推动作用。

精通兵法　传檄讨贼

曹操之父曹嵩，本姓夏侯，因被宦官曹腾收为养子而改姓。曹嵩虽官至太尉，袭封侯爵，但因为是太监养子，在社会上仍属受人歧视的"寒族"。

曹操从小很机警，有谋略权术。他酷爱读书，对经史典籍无不涉猎，尤爱研究军事著作。早在出仕之前，就广泛收集并整理了东汉以前的各家兵书，把重要内容摘录下来编成一本《兵法摘要》，并著有《孙子略解》等军事著作。正是由于他从小博览群书、钻研兵法，这便为他后来叱咤风云、谋取天下创造了条件、奠定了基础。

曹操年少时放荡不羁，不修品行，所以社会上的人都不怎么重视他，只有梁国的桥玄和南阳郡的何颙对他另眼相看，认为他与众不同。桥玄对曹操说："天下将乱，不是著名于世的杰出人物是不能拯救的，能够安定天下的人恐怕就是你了！"

熹平三年（174），刚满20岁的曹操被郡人举为孝廉做郎官，不久即担任了负责地方治安的洛阳北部都尉，从此步入仕途。

曹　操

中平元年（184），声势浩大的黄巾起义席卷全国，东汉统治集团惊慌失措，几乎调集了全部的武装力量对其进行镇压。曹操被任命为都骑尉，带兵镇压颍川（今河南禹县）的黄巾军。随后，又被任命为济南相。

灵帝死后，太子刘辩即位，太后临朝。奸雄董卓率兵进京，废少帝立献帝，京都大乱。曹操见董卓倒行逆施，不愿与之合作，便逃出洛阳，回到家乡陈留，组织起一支5000人的军队，准备讨伐董卓。中平六年（189）十二月，曹操传檄天下，号召诸侯共讨董卓。于是，各路诸侯云集陈留。他们推袁绍为盟主，曹操担任奋武将军。

董卓的凉州兵骁勇善战，关东军10万余人驻酸枣（今河南延津北）一带，无人敢向洛阳推进。曹操无奈，只得孤军西进，欲占据成皋。张邈派遣将领卫兹分兵跟随曹操。到荥阳汴水（今河南荥阳西南的索河），曹操遭遇董卓将领徐荣，曹军大败，士卒死伤很多，曹操被流箭射中，危急中幸亏堂弟曹洪把自己的坐骑换给了他，才得以趁天黑逃走。

曹操兵败后,各路兵马十多万人天天饮酒欢会,不图进取。曹操见诸侯联军不能成事,就率领残军离去。

不久,青州黄巾军百万人开进兖州,杀了任城国相郑遂,转入东平。兖州太守刘岱战败被杀,鲍信与州吏万潜等人到东郡迎接曹操来当兖州牧。曹操进兵在寿张东(今山东东平西南)进击黄巾军,鲍信奋战而死,才勉强击败了黄巾军。曹操追击黄巾军直到济北,黄巾军求降,曹操接受降兵30多万,百姓100多万口,收编了其中精锐的兵士,号称"青州兵"。

智挟天子　官渡决胜

诸侯联军瓦解后,曹操经过6年经营,拥有了自己的地盘和一支有较强战斗力的军队。于是,他接受谋士毛玠提出的"奉天子以令不臣,修耕植,畜军资"的战略性建议。献帝建安元年(196)正月,曹操领兵到达武平(今河南鹿邑西北),准备迎接献帝。七月,献帝回到洛阳,曹操朝见献帝后,皇帝授予他符节、黄钺,总领尚书事,卫戍京都。洛阳残破不堪,曹操劝献帝将都城迁往自己的根据地许县(今河南许昌东),献帝不敢不从。九月,献帝自关东来到许都,任命曹操为大将军,封武平侯。从此,曹操取得了"挟天子以令诸侯"的政治优势。

从建安二年起,曹操利用政治上的优势,东征西讨,开始了他翦灭群雄、统一北方的战争。他先后败张绣,灭吕布,终于与北方最强大的军阀袁绍形成决战态势。

建安四年(199)四月,曹操进军到达黄河边。这时袁绍拥兵10万,准备进军攻打许都。许多将领认为不可抵挡,曹操说:"我了解袁绍的为人,他志大才疏、色厉内荏、嫉妒刻薄而缺乏威信,兵力虽多而指挥不当,将领骄横而政令不统一,土地虽广,粮食虽多,却正好成为对我的奉献。"十二月,曹军驻扎在官渡。袁绍也向官渡进军。

曹操为了避免在与袁绍决战时腹背受敌,决定先灭刘备。诸将都担心袁绍会乘机袭击许昌,曹操胸有成竹地说:"刘备是人中豪杰啊,现在不打垮他,必然成为后患。袁绍虽有远大志向,而遇事反应迟钝,一定不会动兵的。"曹操东向,败刘备、降关羽。袁绍果然没有出兵。二月,袁绍派兵攻打东郡太守刘延。四月,曹操往北救援刘延。曹操带领军队日夜兼程直奔白马,派张辽、关羽作先锋打败了敌军,斩了颜良,就此解了白马之围。

曹操与袁绍两次交战,先后杀了袁绍手下的两员名将颜良、文丑,袁绍大为震动。八月,袁军步步为营,向前推进。曹操也分营相抗,交战不利。这时曹操的兵力不足一万人,受伤的士兵又占十分之二三。袁军又逼近官渡,筑土山挖地道。曹操也在自己的营内筑土山开地道，与之对抗。面对强大的袁军攻势，曹操军粮不足，处境极为困难。这时袁绍的谋士许攸来投曹操，并献计让曹操偷袭袁军的军需重镇乌巢。曹操大喜，立即按计行事。结果乌巢被破，袁军粮草尽被焚毁，立即溃败，曹操大获全胜。官渡之战后，北方已尽入曹操的掌握之中。

封侯拜相　实施屯田

曹操基本平定北方后，兵锋转而向南，结果在赤壁之战中大败。建安十六年(211)七月，曹操西征，驻潼关、渡渭水、过黄河、进长安，一路西征，连战连胜。建安十八年(213)正月，曹军进军濡须口，攻破孙权在长江西岸的军营，俘获孙权的都督公孙阳。四月，曹操回邺城。五月初十日，汉献帝派御史大夫郗虑手持符节、策书封曹操为魏公。建安十九年(214)三月，献帝把魏公曹操的地位升到诸侯王之上，改授他金质玺印、红色绶带、远游冠。

建安二十年(215)春正月，献帝立曹操的二女儿为皇后。三月，曹操西征张鲁，到达陈仓。五月，曹操攻破河池。九月，献帝命令曹操可以秉承皇上旨意封立诸侯、任命太守和国相。建安二十一年五月，天子晋封曹操为魏王，还封他的女儿为公主，并赐给她汤沐邑。

曹操作为一代名相，又是一位著名的军事家，同时，在恢复经济、发展农业方面也有重要贡献。

东汉末年，朝政败坏，民不聊生，军阀混战，百姓流离失所，大片土地荒芜，生产力受到极大破坏，全国发生严重的灾荒。面对这种残酷的现实，曹操力图恢复经济。定都许昌的当年，曹操采纳了枣祗、韩浩关于屯田的建议，立即着手在许都附近实行屯田。在镇压黄巾农民起义的过程中，曹操又获得了大批的劳动力和耕牛、农具，这为他实施大规模屯田创造了条件。

曹操屯田分为军屯和民屯两种，军屯按原来建制，由军官直接督领，大司农派官协助。民屯也同军屯一样，实行军事编制，以屯为单位，每屯50人，由屯司马督领。在屯田过程中，官府把一些无主的土地贷给流亡的农民耕种，所得谷物官民按比例分成。实行屯田一年就得谷100万斗，既安定了百姓生活，也解决了严重的军粮问题。

为了军事和经济的需要，曹操督促农民垦辟荒地，兴修水利，发展生产。他们先后开凿了平房渠、泉州渠和新河（在今天津南、北），在中原地区和黄河流域开通或整修了利曹渠、九龙渠、成国渠、睢阳渠、讨房渠等，所修陂塘也很多。伴随着农业生产的发展，手工业和商业也有很大的起色。

改革政治　任人唯贤

作为中国历史上杰出的政治家，曹操对东汉以来只重门第、德行，不重真才实学的选举制度的危害深有认识。他大胆地变革官制，加强法制，提倡唯才是举。

首先，曹操对东汉的官制进行了改革，建立了以丞相为首的台阁制，消除了中央权移宦官、外戚，地方权移州牧的弊端。建安十三年(208)，曹操任丞相，他在丞相之下设有东曹、西曹(后省)、法曹等几个部门，东曹掌选官。这种设置，是列曹尚书由内廷转到外朝，由少府属下转为丞相属下的开端，是中央官制的重要改革。中央的军事权也归丞相掌握。曹操设置了两种军职，以掌握内外诸军。一种是中领军和中护军，都是丞相府的属官。他们分掌禁兵，有效地防止了东汉内廷事变的重演；另一种是四征将军，即征东、征西、征南、征北，皆掌征伐。同时，曹操又提高了偏裨杂号将军的地位，分掌四个方面的征伐大权，直属于丞相。从此，大将军之号虽在，但名同虚设。另外，曹操对地方的官制也进行了一系列改革。

在用人方面，曹操彻底打破了世俗的门第观念，坚持唯才是举、唯贤是用的方针。他曾三次下令求贤，明确表示：只要有治理国家、指挥军队的才能，不论出身高低、名声好坏，一概任用。

曹操手下的几位重要谋士,如荀彧、郭嘉、满宠等皆出身寒门,有的仅当过郡县小吏,曹操破格提拔他们担任要职,参与军国大事。曹操手下几位能征善战的名将,如于禁、乐进拔自行伍,张辽、张郃、徐晃、庞德四人还取自败亡之敌方。原属董卓系统的军阀张绣,曾和曹操多次交战,在一次战斗中还杀死了曹操的长子曹昂,最后他降曹,曹操知他具有指挥作战的才干,便不念旧恶,任命他为扬武将军。就连替袁绍作讨曹檄文、骂过曹操祖宗三代的陈琳,也被曹操留在身边掌管文书,充分体现了一位政治家的宽宏大度。

曹操十分重视法治。他认为:"刑法关系到百姓的性命,而我们军中掌管刑狱的人有的不称职,把三军死生的大事委任给他们,我非常担心。应该选拔通晓法令事理之人,让他们掌管刑法。"于是设置管理刑狱的理曹掾属。贾逵为豫州刺史,两千石以下官吏犯法者,全被他奏免。曹操把这种事情公布,要各地遵照执行。

在处理与少数民族的关系问题上,曹操也有独特之处。建安十九年(212),安定太守毌丘兴将要赴任。曹操告诫他:"羌人、胡人想要和内地交往,应当让他们派人来,切记不要派人去。善良的人难以找到,不好的人势必会教唆羌、胡人提出不合理的要求,以便从中自己谋利;我们不答应就会使异族失望,答应了,就会对我们不利。"毌丘兴到达安定郡后,却派校尉范陵到羌人那里,范陵果然教唆羌人,叫他们请求让自己当属国都尉。曹操说:"我早已料到会是这样的。我不是圣人,只是我经历的事多点罢了。"

擅杀后妃　诛除异己

曹操自从迎接献帝入许都,再加上南征北战,功高盖世,因而逐渐大权在握,专横朝政。他诬陷太尉杨彪私通袁术,将他关押狱中。议郎赵彦恨曹操专横,上书弹劾,结果被曹操杀害。车骑将军董承见曹操专横日甚,于是暗地使人致书刘备,使刘备作外援,自己为内应,同时又与吴子兰、王子服等暗地安排,日夜筹备。谁知事机不密,竟为曹操所探知,立即遣派兵吏把董承等一齐拿下,拘押狱中。献帝的董贵人是董承的女儿,曹操竟不顾献帝的一再乞求,命人将董贵人拖出宫外勒死。董承、吴子兰、王子服等被一并斩首,并诛灭三族。

董贵人遇害后,伏皇后心内不安,于是给其父伏完写信,历数曹操之罪行,希望他伺隙密图。伏完虽授职辅国将军,却是性甘恬退,不愿与曹操争权,所以接得伏后书信,始终未发。曹操封为魏公时,伏完已死了三四年了。不料伏后的书信,竟被伏家怨仆偷献给曹操,曹操不禁大怒,立刻派华歆入宫捉拿伏后。伏后躲入复壁间,竟被华歆揪出。伏后头发散乱,光着双脚,哭着对献帝说道:"陛下竟然不能救我活命么?"献帝呜咽道:"我也不知能活到何时!"又对郗虑道:"郗公!天下真的有这种事吗？"华歆不由分说，竟然将伏后及其二皇子一齐鸩杀，后又诛死伏氏家族达数百人。

尚书崔琰为人极为正直，做事亦是不偏不倚，他曾荐举钜鹿人杨训为丞相属掾。当曹操自汉中归朝，群吏议封曹操为王，杨训更是发表称颂，语言备极阿谀。崔琰览表十分不悦，即写信责备杨训道："看了你所写之表，可见你很善于侍奉之道，真是合于时势啊！不久应当有变！"曹操晋爵魏王后，探知崔琰书信之语，说是"不久应当有变"为怨谤之语，于是收捕崔琰下狱，罚充徒隶。

一日，曹操登铜雀台玩赏，望见曹植之妻乘车出游，满身衣绣，装饰得非常艳丽，心下不禁愤恨，便不再玩赏而归家，随后竟逼曹植之妻自尽。因为曹植之妻是崔琰哥哥的女儿，曹操又迁怒于崔琰，也将崔琰赐死。东曹掾毛玠，有感于崔琰无辜被杀，作文哀吊，也被逮捕下狱，幸亏同僚为其申诉，才得以释放，被免官遣回故里。

文学领袖　毁誉参半

曹操除了是当时第一流的政治家和军事家，又是第一流的文学家和诗人。史书上说他"登高必赋，及造新诗，被之管弦，皆成乐章"。他曾于戎马倥偬中写下了大量诗篇，是建安文学的领袖人物。

从现在保留下来的曹操少数诗篇可以看出,他的诗苍凉雄建,才气纵横。五言诗中著名的有《蒿里行》,是描述东汉末年军阀混战、连年兵甲不解、生灵涂炭的情况。有诗句曰:"铠甲生虮虱,万姓以死亡;白骨露于野,千里无鸡鸣;生民百遗一,念之断人肠。"四言诗中著名的有《步出夏门行》,是建安十二年(207)北击乌桓,路过碣石山(今河北昌黎县)时所作。第一篇是"艳",下分四章。第四章《龟虽寿》有诗句曰:"老骥伏枥,志在千里;烈士暮年,壮心不已。"《短歌行》也很有名,有诗句曰:"月明星稀,乌鹊南飞;绕树三匝,何枝可依?山不厌高,海不厌深;周公吐哺,天下归心。"

曹操的诗多借乐府旧题抒发自己的政治情怀,气魄雄伟、慷慨悲凉,为传世之作。他的儿子曹丕、曹植和他的幕僚王粲等人均受其影响,成为建安文学的代表人物。

建安二十五年(220)正月,曹操戴着汉丞相的头衔在洛阳病逝,享年66岁。谥号"武王"。

诸 葛 亮

诸葛亮(181—234),蜀汉两朝丞相。字孔明,琅玡阳都(今山东沂南南)人。父诸葛珪,官至郡丞;母章氏。谥号"忠武侯"。他运筹帷幄的风采,淡泊明志的气度,谦虚务实的作风,矢志不移的献身精神和不折不挠的顽强意志,均成为后人学习的楷模。

隐居南阳 隆中对策

诸葛亮的远祖诸葛丰在汉光帝时任过司隶校尉,其为官清正,名声很高。诸葛亮的父亲诸葛珪做过泰山郡郡丞。诸葛亮幼年时,父母先后去世,他便与哥哥诸葛瑾、弟弟诸葛均及两个姐姐随叔父诸葛玄生活。诸葛玄丢官后,带诸葛亮到荆州投靠刘表。

不料,诸葛玄在诸葛亮 17 岁那年去世。失去了依靠的诸葛亮就带着弟弟诸葛均在襄阳城西 20 里地的隆中村,置了一点田产,盖了几间草房,一面耕种、一面读书,开始了隐居生活。

诸葛亮在隆中生活了 10 年,这期间他阅读了大量的经史和诸子百家的著作,尤其喜欢读《申子》和《韩非子》等法家著作。广泛地阅读、刻苦地钻研,使他获得了丰富的政治、军事、历史等方面的知识。

诸葛亮先后结识了许多当地及外地流寓而来的知名人士。其中有名士庞德公、"水镜先生"的司马徽、名士黄承彦、青年俊士庞统、颍川的徐庶、石广元等。诸葛亮常常和他们一起读书吟诗,谈古论今,评论天下事,抒发自己的政治抱负。

后来,诸葛亮又在司马徽的引荐下,拜了一位人称"酆公"的汝南灵山隐士酆玖为师。酆玖熟谙韬略,深通兵法,他传授了诸葛亮三部兵书,这对诸葛亮日后辅佐刘备带军打仗,起了极大的作用。

有一天,诸葛亮对朋友们说:"如果你们去做官,凭你们的才能是可以当上刺史和郡守的。"当朋友们问他去做官能当什么时,他却避而不答,但他常常把自己和春秋战国时期的管仲、乐毅相比,希望能够在乱世中贡献自己的力量。庞德公也深感诸葛亮学识不凡,把他看成是隐藏在隆中山里的一条"卧龙"。

东汉末年,战乱频繁,动荡不安。刘备本西汉宗室之后,也想成就一番事业,但由于势力弱小,一直没有固定的地盘,只能寄人篱下,因此一直在到处寻找可以辅佐他的人才。经徐庶推荐,刘备决心请诸葛亮出山辅助自己。建安十二年(207),刘备亲自带着关羽、张飞,冒着隆冬严寒,亲自到隆中拜访诸葛亮,但连

诸葛亮

续两次都没有遇到。后来在一个雪霁初晴、碧空万里的日子，刘备带着关羽、张飞第三次来到了隆中，两位怀着同样统一志向的政治家终于在隆中草庐里相见了。

刘备向诸葛亮倾诉了自己的志向和抱负，态度诚恳、坦率。诸葛亮被刘备的精神所感动，于是从容不迫地将心中的话合盘托出：

"自从董卓造逆以来，天下豪杰并起。曹操势力不及袁绍，而竟能打败袁绍，这既有天时，也有人谋的结果。现在曹操有百万之众，挟持天子以令诸侯，这确实不可与其争锋。孙权占据江东，已历经三世，地势险要且百姓乐于附属，贤能汇集帐下，因此孙权只可为援军而不可图谋攻取。荆州北据汉、沔，南尽南海，东连吴会，西通巴、蜀，这是用武之地，但是非杰出之人不能守。益州险塞，沃野千里，天府之国，高祖成就帝业正是以此为基础；如今刘璋暗弱，那里人们都盼明主出现。将军是帝室之胄，信义著于四海，如能占据荆益二州，西和诸戎，南抚彝、越，外结孙权，内修政理，等待天下一旦有变，从荆州攻宛洛，从益州出秦川，则天下可定、汉室可兴。"

诸葛亮的一席弘阔之论，涉及政治、军事、经济、地理、外交诸方面，总括了汉末的天下形势，预示着政局的发展前景，是诸葛亮的远见卓识和超凡的政治韬略的体现。刘备听后茅塞顿开，眼前呈现出一幅三分天下的战略蓝图。于是刘备恳切地请诸葛亮出山，帮助他完成兴复汉室的大业。诸葛亮见刘备虚怀若谷、抱负宏大,当下就痛快地答应了刘备的请求。从此,诸葛亮结束了他10年隆中隐居生活,正式踏入了政治舞台。

联吴抗曹　火烧赤壁

诸葛亮出山之后,第一件事就是帮助刘备扩充军队,把原来的几千人扩充到几万人。

不久,曹操领兵南下,进攻荆州,刘表病死,其子刘琮献城投降。曹操于是便与刘备相遇了。诸葛亮认为:以刘备单独的力量绝对无法与曹操的势力相抗衡,解决的办法只有一个,就是与江东的孙权联手。于是,诸葛亮请命出使江东,说服孙权与刘备联合抗曹。

此时的东吴百官,主战主和意见不一,孙权只待周瑜回朝问计。诸葛亮来到东吴后,看出周瑜是此次出访的关键人物。而此时的周瑜虽心存抗曹的念头,可在诸葛亮面前却故显深沉,同时也想试探诸葛孔明,故而谈及抗曹之事,周瑜总是以言语搪塞,游说联合之事出现僵持状态。足智多谋的诸葛亮根据凡人对爱情都是自私的特性,针对周瑜气量狭小,故意曲解曹植《铜雀台歌》中的两句话,"揽'二乔'于东南兮,乐朝夕之与共。"这激起周瑜对曹操的满腔怒火,下决心联刘抗曹。

然后诸葛亮见到孙权时只字不提联吴抗曹的请求,好像专门为东吴的利益来点破迷津的。当时孙权只有

26岁，正是血气方刚，诸葛亮知道他不会轻易投降，甘心屈居曹操之下，于是采用反客为主的策略，问孙权曹军压境，是否能与之抗衡，若不能，不如及早投降。

孙权听完诸葛亮一席话，心中不悦但表面依然平静，反问刘备为何不投曹操。诸葛亮以齐国壮士田横，不肯屈从高祖的招降而自杀为喻，说刘备乃堂堂汉室之后，钦慕其英迈资质而投到他旗下的优秀人才不计其数，不论最后事成或不成，都只能说是天意，但却是不会向曹操投降的。

一番话果然使孙权怒火中烧，发誓要与曹操对抗到底，于是诸葛亮的游说首战告捷。接着诸葛亮用分析的方法指出曹军的弱点，解除了孙权的不安和担心。信心百倍的孙权于是同意与刘备共同抗击曹操。

208年10月，孙权命周瑜为都督，统率精兵3万，溯江西上，会同刘备的军队在赤壁与曹军相遇，双方隔江对峙，拉开了赤壁大战的序幕。正如诸葛亮所料，江南气候阴霾，长江两岸潮湿，曹军多是北方人，初到南方，水土不服，疾病流行，又不习水性，受不住江上风浪颠簸。为了解决这个问题，曹操采纳了连结战船的方法，用长长的铁链将巨大的战船拴在一起，以减少船身的摇晃。可是，曹操万万没想到，这却给他的军队带来了灭顶之灾。诸葛亮夜观天象利用东南大风，吴蜀

周瑜

联军火烧曹军战船,曹军陷入一片混乱,孙刘联军乘势从四面杀来,曹军大败,人马死伤不计其数。曹操从此退守北方,孙刘联军取得了赤壁之战的胜利。

赤壁之战后,诸葛亮又协助刘备乘胜占领了荆州所属的江南四郡——武陵、长沙、桂阳、零陵。诸葛亮被刘备拜为军师中郎将,总督零陵、桂阳、长沙三郡。诸葛亮发展生产、广纳贤才、勤勉治事,荆州很快被治理得井井有条,初具繁荣景象,三国鼎立局面也基本形成。

进取益州　治蜀有方

荆州巩固之后,刘备开始谋划新的地盘。在诸葛亮、庞统的协助下,他又顺利地占领了益州。至此,巴蜀地区也纳入了刘备的统治范围。

诸葛亮治蜀期间,重视修明政治。任人唯贤、唯才是举、严明法治、发展生产、严练治军,使新兴的蜀汉政权得以稳固,使军需和兵源也有了保证。

同时,诸葛亮很注意解决主客籍集团的关系。在以自己原来的荆州集团作为政权的骨干外,特别注意吸收刘璋集团和益州地方集团的人士参加政权。他重用拥护新政权的原有官吏,从而大大缓和了各集团之间的矛盾,也进一步巩固了自己的政权。

诸葛亮在用人上亦有独到的见解,任用贤能,这是他的一贯主张。他提出"挑马不一定非要挑到像麒麟那样的,只要跑得快就行;选贤才不一定拿圣人作标准,关键是知识渊博,能力强。"

杨洪,原是李严手下一个地位很低的功曹。诸葛亮在与他的交谈中,发现杨洪很有远见,立即表奏他为蜀郡太守,官位与李严并列。杨洪手下一个负责文字工作的小官何祗,很有进取精神,于是诸葛亮破格提拔他为广汉太守,又与杨洪同职。

诸葛亮用人不重资历,而且也不管门第出身。张嶷出身贫寒且有些放荡,但很有见识,屡建奇功,诸葛亮就把他提拔为太守。士卒出身的王平没多少文化,但他"遵守法度",很有实战经验,就被诸葛亮加封为参军。后来王平在对魏军作战中,屡立战功,成为了一名英勇善战的将军。马超、黄忠都是降将,诸葛亮把他们提拔到同关羽、张飞、赵云并列的"五虎上将"的地位。

诸葛亮把严明法治、整顿吏治放在重要地位。他主持制定了一部比较完善的法典《蜀科》,作为蜀汉政权实行法治的基础。同时,他还制定出八条、七戒、六恐、五惧等科条来训励臣子。

经过诸葛亮的大力整治,蜀汉朝廷声威大振,政令严明,官吏不敢作恶,百姓人人向善,各级官吏的积极性和国家机构的工作效率大大提高。

诸葛亮还注重恢复和发展农业生产。他积极推行奖励耕战的政策,即使在前线的兵士也必须从事农业生产,他曾经招5000名青壮年到汉中屯田,并命令汉中太守兼任督农，把农业产量作为衡量政绩的标准。诸葛亮重视兴修水利，从而保障了西蜀农业的发展。

诸葛亮还将盐铁开采经营权收归国有，并专门设置了盐府校尉和司金中郎等官职，管理盐业和铁器的生产。他还用卖川锦的办法增加财政收入，补充空虚的国库。诸葛亮的这些措施大大增强了蜀国的实力，为后来的战争作了重要的保障。

受命托孤　北伐中原

220年，曹操病故，其长子曹丕废汉，自立为帝，建立魏国，年号黄初。魏文帝黄初二年(221)，在诸葛亮和大臣的劝说下，刘备亦在成都称帝，建立蜀汉国，以诸葛亮为丞相，置百官，立宗庙。同年七月，刘备为给关羽、张飞报仇，兴兵70万，大举伐吴，结果被陆逊火烧连营大败而归。刘备率军退回白帝城，一病不起。

蜀汉章武三年(223)三月，刘备在临终之际，将诸葛亮从成都召来，托付后事，让其尽力辅佐刘禅，还称若刘禅不成材，则可以取而代之。诸葛亮流泪表示定效忠贞之节，尽心尽力辅佐刘禅。刘备一面命内侍扶起诸葛亮，一面请李严前来，嘱咐他协助诸葛亮共辅太子。不久，刘备病逝。

刘禅继位后，封诸葛亮为武乡侯，又兼任益州牧。刘禅对诸葛亮视之如父，将所有事情都委托给诸葛亮处理。诸葛亮义不容辞,全面担负起蜀汉的军政重任。

蜀汉建兴四年(226),魏文帝曹丕病逝。此时,诸葛亮已派邓芝出使东吴,与东吴重修盟好,又南征蛮夷,七擒孟获,安定了南方。诸葛亮认为北伐时机已经成熟,于是决定出兵。

建兴六年(228)春,诸葛亮第一次北伐。诸葛亮率领军队离开汉中北进,驻军于沔阳。然后佯装从斜谷进军,吸引魏军主力,实际上自己却率诸军攻打祁山。南安(今甘肃陇西)、天水(今甘肃甘谷)、安宕(今甘肃镇原)三郡相继降蜀,天水将领姜维也向诸葛亮投降。消息传到魏国,朝野震惊。

魏明帝集步骑5万,亲自坐镇长安督师,并派左将军张郃领兵迎战蜀军。诸葛亮闻张郃率大军西来,即派马谡为先锋,扼守咽喉要地街亭。马谡到街亭后,自恃兵法稔熟,既不遵守诸葛亮对整个战役的作战部署,又不听将军王平的劝阻,擅自放弃街亭,屯军山上,打算居高临下攻击魏军。张郃乘机猛攻蜀寨,断绝其水源。蜀军因为缺水,军心离散,结果被魏军杀得大败,街亭失守,整个打乱了诸葛亮的部署。无奈之下,诸葛亮只好放弃到手的陇西三郡,撤军回到汉中。

诸葛亮回到汉中之后,挥泪斩马谡,杀将军李胜。诸葛亮上表自贬为右将军、仍行丞相职权。但是,诸葛亮并没有灰心丧气,而是加紧训练军队,申明纪律,准备新的北伐。

诸葛亮墓碑

建兴十二年(234),50多岁的诸葛亮决心再次北伐。此时,诸葛亮不仅在斜谷口囤积了以备军用的大量粮草,还专门研制出一种叫"流马"的四轮小车,以供在山地运粮所用。一切准备停当之后,诸葛亮亲自率领10万大军从陕南出发,直插陕西渭水南岸的五丈原,与魏军统帅司马懿在渭水边对峙。司马懿以守代战,诸葛亮用尽种种手段,最终都无济于事。因而为此身心疲惫,再加上其日理万机,日夜操劳,事无巨细都要过问,诸葛亮很快病倒了。在病重期间,他妥善为后主刘禅安排了治国之事。同年八月,54岁的诸葛亮带着未竟的事业离开了人世,谥号"忠武侯"。

陆　　逊

陆逊(183－245)，吴大帝时丞相。字伯言，吴郡吴县人。江南士族出身，孙策的女婿。先因功封华亭侯，后任大都督。吴赤乌七年(244)，接替顾雍出任丞相，两年后卒于相位。谥号"昭侯"。陆逊善于谋略，对巩固东吴统治，安定江南，促进这一地区社会经济的发展有一定作用。

平匪立功　初仕幕僚

陆逊出生于东汉末年，在他很小的时候，父亲就死了，于是他就跟着堂祖父庐江太守陆康一起生活。后因陆康与袁术有仇，陆康就让陆逊和亲属回到了老家吴县。

陆姓是江东大族，这也为陆逊后来步入仕途提供了条件、创造了机会。

陆　逊

建安九年(204)，孙权做东汉的将军，21岁的陆逊任孙权的幕府官，先后做过东西曹令史，又出任海昌(今浙江海宁西南)屯田都尉，并兼管海昌县事。当时，海昌县连年大旱，陆逊开仓放粮救济百姓平民，勉励和督促他们纺耕生产，使百姓受益颇多。

当时，吴、会稽、丹阳三郡的匪盗十分猖狂，陆逊征募当地百姓，剿灭了几股恶行昭著的山贼，地方才得以安定。孙权见他的指挥才能十分突出，就任命他为定威校尉，驻军利浦，还把他哥哥孙策的女儿许配给陆逊，并在许多重大问题上征求陆逊意见。陆逊建议说：军队是战胜敌人、平定叛乱的必要保障。而山贼盗匪凭借深山险要之地，长期作恶，我们内部不能安定，就无法向外发展。应该大规模部署军队，捕取山贼中的精锐，孙权采纳了他的建议，任他做帐下右部督。

陆逊刚刚上任，丹阳匪首费栈接受曹操委任，煽动山贼为曹操作内应，陆逊受到孙权之命讨伐费栈。费栈党羽极多，而陆逊兵力很少，陆逊面对敌众我寡的战局，命令多插些旌旗，各处布置鼓角，晚上潜入山谷间，擂鼓呐喊，向前推进，匪兵很快溃散。不久，新都会稽两郡的山贼也被处置。于是，陆逊将山贼中强壮的补充军队，羸弱的补充民户，充实三郡人口。征得几万精兵之后，陆逊回兵驻扎芜湖。就在这时，会稽太守淳于式上表指责陆逊非法掠取百姓，骚扰地方。陆逊对此并不在意，在京城晋见孙权时还对淳于式进行了称赞。孙权为此十分感动，认为他是厚道之人。

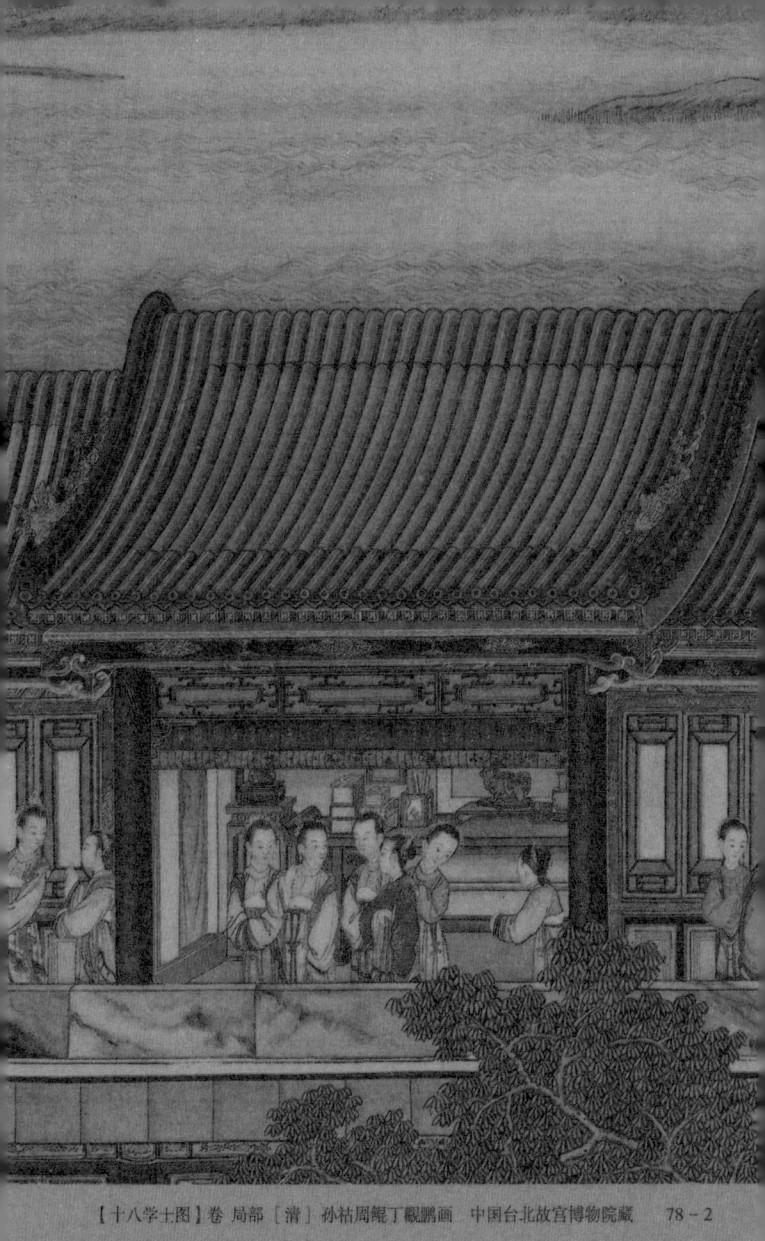

【十八学士图】卷 佚名［清］ 绢本设色工笔重彩画 中国台北故宫博物院藏

智取荆州　火烧连营

建安二十四年(219)，吕蒙因病调回京城，向孙权推荐陆逊来代替自己对峙镇守荆州的关羽。吕蒙认为：陆逊深谋远虑，且现在名气不大，不足以使关羽畏惧，可以暗中观察形势，寻找时机夺取荆州。于是孙权任命陆逊为偏将军右部督，代替吕蒙。

陆逊来到陆口，立即给关羽写信，言辞谦恭，对关羽大加吹捧。关羽看了陆逊的书信，果然把精力全部用在对付曹军上，对陆逊不再有所防备。

于是，孙权就暗中向西派兵，命陆逊和吕蒙为先锋，很快攻下公安、南郡。陆逊直接进军，攻下宜都，致使各城及蛮夷纷纷归顺投降，陆逊又受命对归降的将领授与官职。关羽立刻陷入腹背受敌的境地。不久关羽兵败麦城，在突围途中，被吴军擒获，后遭杀害。陆逊击败詹晏、邓辅、郭睦，招降文布，前后斩杀、擒获、投降的人总共有数万。孙权晋升陆逊为右护军、镇西将军，封号娄侯。

关羽被害，荆州丢失的消息传来，刘备十分悲痛发誓要消灭东吴，为关羽报仇。他不顾诸葛亮的反对，带领蜀汉全国的大部分人马，对东吴发动了大规模战争。

吕　蒙

孙权得报后,几次派人求和,均遭到刘备拒绝。这时候东吴的大将鲁肃、吕蒙、周瑜等都早已去世了,孙权只得任命年轻的镇西将军陆逊为大都督,赐尚方宝剑,统率朱然、徐盛、韩当、孙桓等5万人马去抵抗刘备。

起初陆逊为避刘备军队锋芒,坚守营寨,闭门不出,对蜀军的挑战也置之不理。他的手下的将士纷纷请求出战,且不服从其命令。无奈之下,陆逊只好用尚方宝剑进行威吓,才使将士不敢轻举妄动。这样,双方僵持了半年之久。刘备设计命令吴班带着1万多老弱兵士,到靠近吴军的地方去扎营,并挑衅吴军,自己率领8000精兵,在山谷里埋伏起来。吴班让士兵不断辱骂吴军,并以此引诱吴军进攻。十分气愤的吴军将领再次请求出战。面对蜀军的侮辱与谩骂,陆逊不慌不忙,沉着冷静,命令吴军照旧坚守阵地,不要理睬蜀军的挑战。又过了几天,刘备知道自己的诱敌之计已经被陆逊识破,只好从山谷里撤出伏兵。

时值盛夏,暑气逼人,为了躲避酷暑,刘备只得让水军离船上岸,和陆军一起靠着溪沟山涧、树林茂密的地方,扎下互相连接的40多座军营,以便等到秋凉后再向吴军大举进攻。陆逊看到蜀军士气低落,认为是进行反攻的最好时机。他仔细周密地拟定了破蜀的作战方案,并得到了孙权的允许。

为了增加胜利的把握,陆逊先以一小部分兵力对蜀军的营寨进行试探性进攻，虽然失利了，但陆逊也找到了破敌之法。陆逊命令水路士兵用船只装载茅草，迅速运到指定地点，而陆路士兵则每人手拿一把茅草，在茅草里藏着硫磺、硝石等引火物，一到蜀营，就顺风纵火。蜀军因毫无防备，在吴军的火攻之下，顿时乱作一团。各路吴军乘着大火发起反攻，蜀军的40多座营寨全部被攻破。蜀将张南、冯习等皆被杀死。刘备突围逃到白帝城一病不起，不久病故白帝城。

屡败曹魏　任相安民

黄龙元年（229），孙权称帝，立都建业（今南京）。陆逊被封为上大将军、右都护。

黄武七年（228），孙权让鄱阳太守周鲂诱骗魏国大司马曹休兴兵进入皖县（今安徽潜山）。孙权立即召见陆逊，假授黄钺，任大都督，迎击曹休。曹休已经觉察实情，深感羞耻，仗着兵强马壮同吴军交战。陆逊亲自率军充当主力，命令朱桓、全琮为左右两翼，三路一同推进，大败曹休的伏兵，并追击溃逃的魏军，大获全胜。回到魏国的曹休，背生毒疮而死。

嘉禾五年（236），孙权北上征讨曹魏，让陆逊和诸葛瑾攻打襄阳。陆逊到了白围后，暗中派将军周峻、张梁等袭击魏国并攻下江夏郡的新市、安陆、石阳。陆逊下令保护俘虏，严禁兵士干扰侵侮。陆逊此举得到邻县的感动，江夏功曹赵濯、弋阳备将裴生和夷王梅颐等都率众归附他。

打败曹魏后，陆逊受到孙权极高的礼遇，让他辅佐太子，并负责荆州、豫章、鄱阳、庐陵的一切事务。

陆逊虽身在京师以外，但一心想着国事。他在上书时事时谋划进取，劝孙权对小罪则施恩宽免，以安定臣民的情绪，用人要用贤能，但也不要求全责备。

陆逊根据当时的形势，主张鼓励农民从事农业生产和纺织，宽缓百姓的租赋，安抚百姓，积蓄力量以图大业。他反对连年征战，反复劝阻孙权派兵攻取夷州、朱崖。但孙权不听，结果得不偿失。后来，在陆逊的劝阻下，孙权放弃了对背弃盟约的公孙渊的征讨。

赤乌七年（244），62岁的陆逊接替顾雍担任第三任丞相积极推行富民强国的政策。他认为，国家以民众为根本，国家的强大凭借的是民众的力量，国家的财富来自于民众的生产，所以要关心民众的疾苦。

陆逊还有一个突出的治国政绩，那就是他惩治权臣，反对任用子弟为官。当时，太子孙和的东宫和鲁王孙霸的鲁王宫各立门户，宫廷内外的职务多半派官宦子弟担任。陆逊为阻止矛盾激化费尽了心思仍毫无作用。当他听说要废太子的议论，马上上疏陈述："太子是正统，应该有磐石一样坚固的地位；鲁王是藩臣，应该使他所受的恩荣官秩与太子有等级之分，彼此各得其所，上下得以相安无事。臣恭谨地叩头把这意见报告给您。"他就此事上书三四次,孙权都没有同意。正在这时,陆逊的外甥顾谭、顾承和姚信都因亲附太子而含冤被流放。太子太傅吾粲因屡次同陆逊通信,下狱死去。陆逊也因此受到的孙权的责备警告。赤乌八年(245),63岁的陆逊最终因愤恨而去世。

王　导

王导(276－339)，西晋元帝时丞相。字茂弘，琅玡临沂(今山东临沂北)人。王导出身士族。其祖父王览，官拜光禄大夫；父王裁，曾任镇军司马。王导历任骠骑大将军、侍中、司空、司徒、丞相等职。谥号"文献"。王导一生经历元帝、明帝、成帝三朝，位高权重，忠心为国，尽智尽力。

辅佐亲王　大治江南

王导风流倜傥，识量清远，在少年时就小有名声。王导的堂兄王敦有一个好友，名叫张公，他素以清高识人闻名。王导14岁时，张公就断言他是将相的才器。王导成年后，袭祖爵为官。不久，司空刘寔引荐他为东阁祭酒，迁秘书郎、太子舍人、尚书郎，但他都没有上任。后来参东海王司马越军事。

西晋末年，统治者荒淫腐败，朝政日益黑暗，"八王之乱"中最后一个卷入的东海王司马越还是比较有头脑的。他的封地在长江下游一带，相对中原来讲，破坏较轻。他占据的封地可进可守，可以作为称霸天下的根据地。司马越派司马睿镇守下邳。

也就在这期间，王导与司马睿相识了。他们二人一见如故，相交甚欢。王导见天下大乱，晋室衰微，就倾心辅佐司马睿，暗中有复兴晋室的志向。司马睿在洛阳时，请王导任安东司马，参与军事机密和决策。王导尽职尽责，保守机密，献计献策。

不久，司马睿迁镇至建康，但是过了一个多月，无论士族还是庶人都没有来拜见他的，王导认为这是因为司马睿的声望还不够高的原因。于是，王导便认为抬高司马睿的地位，树立其政治威信是眼前最重要的事情。

王 导

一次恰好王敦来访，王导便把心中的烦恼诉说出来。两人经过一番商议，终于想出了一个计谋。农历三月初三是江南人的传统的上巳节日。这一天，按民间风俗，不分男女老幼，都要到附近的河畔水滨去祭祀，祈祷风调雨顺，有个好年成。建康城里，王导、王敦带领一大群北方南下的士族簇拥着司马睿在城中穿行，司马睿相貌堂堂，神态安祥，引起了江南士族顾荣、纪瞻等人的惊奇。他们被王导这帮北方士族恭谨的态度和司马睿的风采所打动，于是异口同声地说："此人可以投奔。"司马睿从此名声大振。

顾荣、纪瞻是江南名士中最著名的人物。王导又以司马睿的名义以厚重的礼物登门拜访顾荣、纪瞻等江南士族大户，请他出来做官，他们满口应允。顾荣还向司马睿推荐了不少江南名士，南北士族终于形成了一个大联合集团。于是，司马睿便在江南站稳了脚。

王导还劝司马睿收揽自中原南下百姓中的贤人君子，和他们共谋大事。王导为政务求清静，常常劝司马睿克己厉节，安邦定国。司马睿也十分仰仗王导，称他为自己的萧何。此后，君臣二人配合默契，江南大治。

助王称帝　清静为政

建兴五年(317)，司马睿在建业称帝，是为晋元帝。改元建武，史称东晋。王导任丞相军谘祭酒。在举行登基大典之时，司马睿给予王导最高的礼遇，百官陪列，让王导与他共坐御床。王导急忙谢绝。王导认为国家初治，建立秩序是非常重要的，因此对元帝说："如果天上的太阳与万物一样落在地上，那么普天之下的芸芸众生靠什么来仰照呢？"元帝只好作罢。之后，王导也尽心辅佐元帝，而元帝也十分宠信他。所以朝野上下流传着这样一句话："王与马（司马）共天下。"

王导任相后，充分发挥自己的政治才干。他注意协调江南大族和北方迁徙的贵胄世族之间的关系，发展经济，与民休养生息，使国力得到了大大增强，东晋秩序逐步稳定下来。

当时，由于频繁的战乱，各少数民族统治者肆意烧杀抢掠，汉族人纷纷越淮渡江，南下避乱。北来侨民占南方人口的六分之一还多，如何安置他们，关系到东晋政权的稳定。当时，南方比较富庶的地方早就被当地士族占有了，北方人无法进入经济比较发达的地区落户，于是王导只好将侨民迁集到南方士族势力较为薄弱的地方，设立侨州、侨郡、侨县，建立了侨寄行政区，设侨官。同时，他们利用北方逃难来到江南的劳动力，重新创立产业。这样一来，北方来的士族都得到稳定与安治。

由于赋税和徭役过重，侨人难以负担，于是纷纷流入私门，国家的财政收入受到了极大程度的影响。同时，北方人口大量南移，也给社会带来很大的影响。为此，王导又推行了"土断"政策。即把侨州郡县的居民变成土著居民，按其居住地区认定新籍贯，编入户籍，这使得东晋政府编户增多，财政收入也大量增加。

王导不仅善于辅政，还善于理财，能根据具体情况办事。本来，经过战乱，皇室开支用度没有宽余，适逢朝廷财政空虚，只剩下几千匹的粗丝布可以出售，但这种布却无人购买。王导于是心生一计，用这种布制成衣服并带头穿上，百姓于是纷纷效仿，布匹的价钱一下子都涨了起来。

王导为人谦虚谨慎，从不文过饰非。有一年大旱，数月之间滴水未降，农业收成很差，黎民百姓苦不堪言。身为宰相的王导时时感到上对不住皇上，下对不起百姓，便上疏皇帝自责并请降职。皇帝下诏将其称赞一番又再三挽留，王导才决定留下。

大义灭亲　北伐复国

晋元帝对王导非常尊敬,但他对王导等人手握重权还是很害怕,准备伺机削夺王导的兵权。因此他重用了佞臣刘隗、刁协等人,组建军队,监视王敦,疏远王导。王导依然恬静淡泊,但早有篡逆之心的王敦却沉不住气了,于是举兵反叛。

322年,王敦以清君侧的名义上疏痛斥刁协、刘隗的罪状,并向京城进军。晋元帝命刁协督六军,刘隗、戴渊卫护京城。四月,王敦率军至石头城(今江苏省南京市清凉山),击败刘隗。刁协、刘隗连忙奔逃。当刁协仓惶逃窜到江乘时被人杀死。

王敦造反,王导深恐灭族之灾降临,便率领全家老小,从早到晚跪在离台边等着元帝降罪。元帝知道王导一贯忠诚,又怕杀了王导更会激怒王敦,于是顺水推舟,让王导去劝王敦退兵。

王敦兵变,在王导的劝说下,最后以和平方式解决。但元帝司马睿却因此事心情郁闷,不久就去世了。元帝死后,司马绍即位,是为明帝。封王导为大司徒。

这时,王敦再次谋反。王导对王敦不顾国家利益,只

晋元帝司马睿

为满足个人私欲的行为十分痛恨。为了表明自己对晋室的忠心,王导毅然向明帝请命,亲自率军平叛。

不久,两军相遇,王导假传王敦已死,命宗族子弟身穿孝服,为王敦发丧。王敦部下不知是计,顿时丧失了战斗力,而王敦本人也真的因此盛怒而死。王敦叛乱随即平息。

东晋之初,祖逖北伐,王导给予了积极地支持,但由于元帝宠信刘隗,再加上王敦举兵谋反,这次北伐便功亏一篑了。明帝即位后,王导决心进行第二次北伐,但北伐还未开始,又因王敦二次反叛而耽搁。

此后,明帝对王导更加倚重,王导也因此准备再次北伐,完成中兴大业。谁知,年轻的晋明帝却在此时突然病逝了,北伐再次泡汤。

反对迁都　平息流言

明帝死后,王导又与庾亮担负起辅佑成帝司马衍的重任。当时,内史苏峻因平定王敦之乱有功,且掌握重兵,日益骄横,不听朝命。庾亮认为苏峻早晚必乱,所以奏请成帝,召苏峻入朝,欲夺其兵权。王导却认为对苏峻应以宽大为主。庾亮十分固执,没有听从王导的意见。不久苏峻果然发难,攻入建康台城,纵兵烧杀。在此期间,王导一直在成帝身边护驾。

当时苏峻部下路永、匡术等人都竭力要求将王导等朝中大臣全部杀掉，重新安排自己的心腹。苏峻虽心狠手辣，但因为敬畏而未敢伤害王导丝毫。

路永等人和苏峻之间也因此事出现了矛盾，王导得知后，喜出望外。王导迅速利用敌人的矛盾，暗中派参军袁耽诱劝路永等人，谋划让成帝逃出苏峻的控制，但因苏峻防守甚严而事情败露，王导不得不带着两个儿子跟随路永逃奔到白石。

后来陶侃、温峤攻破石头城，诛杀苏峻，这次动乱才算平息。这次浩劫使建康城的宗庙宫室都成为灰烬。温峤建议迁都豫章，三吴豪强则请建都会稽。支持两种说法之人相互攻击，不能定论。王导则认为："建康是帝王之乡，不能因宫室受损就轻易迁都。发展生产、节约用度才是眼前最重要的问题，否则民生凋弊，即使乐土也会变成废墟。更何况北方游寇时时窥伺我们，我们应安定沉稳，以安民心。"大家听后，纷纷表示赞同。

成帝幼小，满朝上下诸事基本上都由王导掌握。他的地位和威望达到了登峰造极的地步，就连成帝见王导，每次也要下拜。

这时，握有重兵且镇守武昌的庾亮见王导势重，要举兵废王导。有人劝王导密切注意防御，王导说："我和庾亮休戚相同，捕风捉影的议论决不是智者所言。如果庾亮真想废我，我自己就告老还乡了，不必他费事。"王导又给陶称写信，认为庾公是成帝元舅，应该好好侍奉他。庾亮知道此事后深感惭愧,也就改变了当初的想法。

王导本人生活简朴,即使位高权重,也是家无余谷,衣无锦缎。成帝知道后,给布万疋,以供他私人享用。王导有虚弱之症,不能坚持朝会,成帝亲自到他府第,饮酒奏乐,然后令乘轿入殿。

成帝咸康五年(339),王导病逝,终年64岁。

谢　　安

谢安(320－385),东晋简文帝朝礼部尚书;孝武帝朝太保。字安石,陈郡阳夏(今河南太康)人。西晋末年南迁寓居会稽。父谢裒,官至太常。谢安历任尚书仆射、中书监、侍中、太保等职。他志趣高雅、深谋远虑,政治、军事、文学才能都十分突出。封建昌公,追封庐陵郡公。谥号"文靖"。

纵情山水　屡征不赴

谢安的家族是永嘉之乱中随元帝东迁渡江的世家大族。谢安的伯父谢鲲,在西晋末年曾是东海王司马越的相府参军,过江后任豫章太守,并死在任上。东晋初,谢安的父亲谢裒,官至太常卿。谢安在兄弟中排行第三,却比他的兄长们更有名气。谢安自幼聪明多智。4岁时,被当时的尚书吏部郎桓彝所称赞,将其比之于王东海。谢安聪慧敏悟,气宇非凡,当时的学童竞相效仿他读书时的音韵。

谢安对山水的爱好远胜于仕途,他志趣高雅,淡泊名利。最初朝廷征召他辟司徒府,任佐著作郎,他以有病为借口推辞掉了任命。当他寓居在会稽时,常和名士王羲之及高阳许询、僧支遁交游,游山玩水、谈天说地、议论古今、咏诗作文。

有一次,他和孙绰泛舟海上,不料突然变天,风浪大作,同伴都大惊失色,想要马上返回,只有谢安一个人游兴正浓,吟啸诗文,若无其事。划船的老头看他相貌安闲,便继续向远方划去。后来小舟在波浪中翻转,其他人都站起来喊叫,谢安却从容地说:"如果都这样乱成一团,我们就回不去了。"大家才平静下来,船得以平安驶回。

谢安的名气越来越大。扬州刺史庾冰屡次要求郡县敦促谢安出来做官。谢安实在没有办法,只得赴召,但一个多月后,他又告假而归。后来,朝廷又多次征召于他,都被他谢绝。有关衙门上奏说:谢安被征召历年不到任,请求取消他入仕的资格。谢安并不因此感到苦恼,相反更加尽情地游览大好河山。谢安累次征召不赴,更加引起人们的注意。

谢安的弟弟谢万是西中郎将,总管边臣的要员。谢安虽然隐居自乐,名声反而比弟弟谢万还大。谢安的妻子看见家门富贵,只有谢安一个人淡于功名,不求进取,于是对谢安说:"丈夫不能像兄弟谢万那样么?"谢安有些痛苦地说:"恐不免如此。"后来谢万被废黜,40岁的谢安才有了入仕的想法。

力挽狂澜 清淡为政

征西大将军桓温主请谢安当司马，谢安将从新亭出发，朝士都来送行。桓温见到谢安由衷地高兴，两人谈论平生抱负，终日欢笑。桓温对谢安十分满意，也非常尊重。桓温准备北伐时，正赶上谢安的弟弟谢万病死，谢安请求回家。不久，他征拜侍中，晋礼部尚书、中护军等职。

此时的朝政已被桓温所掌控，他一向野心勃勃，企图篡夺帝位。太和六年（371），桓温废除了皇帝司马奕，另立简文帝司马昱，使得本来就不太稳定的政局再次出现危机。两年后，司马昱忧郁而死，桓温立司马曜为帝，朝政仍由自己把持。

桓温的淫威使大臣们纷纷臣服于他，唯独谢安却能坚持自己的立场，运用自己的智慧来与桓温周旋。有一次，谢安在路上远远见到前呼后拥、威势赫赫的桓温，纳头便拜。桓温大为惊诧，忙问他为什么这样，谢安从容应答："从没有君王拜在前面，而大臣揖躬在后的规矩。"另有一次，桓温的部下郗超像平时那样躲在帐子里偷听谢安与桓温的谈话，以便更好地为桓温出谋划策，不幸帐子被风吹开，他一下子就暴露在谢安面前。谢安也不奇怪，只是幽默地取笑："郗先生真可谓是入幕之宾呀！"说得郗超满脸通红，无话可说，桓温也在一旁尴尬不已。

宁康元年(373)二月，桓温亲率大军回兵京师，打算趁机登基称帝。朝廷上下，人心惶惶，司马曜不得不下诏让吏部尚书谢安和侍中王坦之到新亭迎接桓温。

在新亭，文武百官纷纷跪拜在道路两旁，迎接不可一世的桓温的到来，每个人都心惊胆颤。与谢安同来的王坦之更是惊慌失色，汗流浃背，紧张地连手版都拿倒了。在这惶恐的一群人中，只有两个人不改其容颜，一个是来者不善的桓温，一个是镇定安闲的谢安。谢安走上台阶，在席上就坐。他并不看桓温布置在四周，围得像铁桶似的卫兵，而是先作了一首咏浩浩洪流的《洛生咏》，然后才平静从容地说："我听说诸侯有道，就会命守卫之士在四方防御邻国的入侵。明公入朝，会见诸位大臣，在墙后布置人马是不是多此一举呢？"谢安的旷达风度和自若本色，立刻镇住了桓温。桓温于是赶忙赔笑说："正因为不得已才这样做呀！"连忙传令撤走兵士，紧张气氛也随之得到缓解。在接下来的时间里，他又摆酒设馔，与谢安两人谈天说地，在这欢笑声中，朝廷总算度过了一场虚惊。

新亭风波后，在谢安和王坦之的忠心辅佐下，局面逐步稳定下来。但是，野心勃勃的桓温却依旧不肯放弃自己做皇帝的梦想。不久，他回姑孰养病，暗示朝廷授他"九锡。""九锡"是历代权臣篡位前的最后一级台阶，他身患重病更是急于获得，目的就是要做一次皇帝。

他让袁宏按他的意思起草加授九锡的诏令，袁宏把诏令拿给谢安看，谢安认为不好，便动手进行修改。就这样一共修改了好几次，几十天过去了也没有定下来，直到七月桓温病死。至此，司马氏朝廷面临的一场危机总算过去了。

不久，谢安任尚书仆射，领吏部，加后将军。等到中书令王坦之出任徐州刺史，诏命谢安总管中书事。谢安坐镇朝廷，以和平之态来谋划治理长远。文武百官也都乐于效命。他不以细故察人，而是弘大朝纲，朝廷的威望日益显著，众人都拿他与王导相比，认为文雅有过之而无不及。谢安曾和王羲之登冶城，悠然畅想，有超然世外之志。王羲之曾对他说："夏朝大禹为王事奔忙，手足磨成老茧，周文王往往过时而食，整日没有闲暇的时间。现在我们四周都是敌人的营寨，应该考虑怎样见到成效，虚谈浮文妨碍要务，这在当今恐怕不合时宜吧！"谢安说："秦委政于商鞅，仅过二世而亡，难道是清谈造成的后患吗？"

运筹帷幄　淝水大捷

太元七年(382)，由氐人建立的前秦统一了北方，与东晋并存。次年，前秦皇帝苻坚决定调士卒90余万人攻伐东晋，由弟弟苻融率领。前秦军很快攻下寿阳(今安徽寿县)，东晋军队节节败退。

在此之前,谢安就组织了一支由徐、兖二州侨人或其子孙组成的北府军队。北府兵的将卒深受匈奴和羯人的仇杀之苦,因此有抵御苻秦、保卫江南的决心。

面对强敌压境,东晋以谢安之弟谢石为征讨大都督,以谢玄为前锋都督,率北府兵8万人迎击秦军。

十一月,谢玄派刘牢之率精兵5000人进击秦军将领梁成。刘牢之率部奋勇向前,强行渡河,大破秦军,斩了梁成。秦军不得不向淮水一线溃逃,而谢石、谢玄却指挥晋兵节节进逼,直逼寿阳。时值深秋,苻坚与弟弟苻融登上寿阳城楼远望,看到东晋军阵严整,颇具规模,又看见八公山上草木摇动,以为都是东晋的士兵。惊虑与惆怅的情绪不禁涌上心头,苻坚若有所失地对苻融说:"这哪里是弱旅,明明是强敌啊!"脸上不觉露出了畏怯的神色。

实际上,东晋大臣对百万前秦大军更是感到害怕。朝廷加封谢安为征讨大都督,率军抵抗。出兵之前,谢玄去向谢安问计。谢安坦然地回答说已经另外有旨了,然后沉默不语。谢玄不敢再说,要张玄再去请示。谢安就命令驾车去山野田庐,亲朋都来聚集,谢安和谢玄下围棋,以别墅赌胜负。谢安的棋艺平时劣于谢玄,但今日谢玄心中不安无心下棋,始终胜不了谢安。

晋军与前秦军在淝水东西岸互相对峙。苻坚派东晋降将朱序至晋营劝说谢石投降。谢玄乘机使谢石和苻融相约,让秦军后退些,晋军渡江与秦军决战。苻融企图乘晋军半渡之时,全歼晋军于淝水中,于是令前秦军稍退。但是,秦军内部复杂,大多数不愿作战,特别是汉人心向南方。因此,当前秦军接到撤退命令时,以为前方被击败,于是奔逃溃散,自相践踏,死伤遍野。晋军乘势猛攻,秦军大败。消息传到京城,谢安正与客人下棋,看完信后,随手放在坐床上,一点也没有露出喜色,下棋照旧。客人问他淝水战况,他才慢慢地回答说:"小辈儿已经打败贼寇了。"棋局结束,谢安回到内室,由于内心兴奋,跨过门槛时竟连屐齿折断都不知道。

东山报捷图

谢安怀有统一南北的大志,他一再上疏请求亲自北征,皇帝命他都督扬、江、荆、司、豫、徐、兖、青、冀、幽、并、宁、益、雍、梁十五州军事。谢安上疏让太保及爵位,皇帝没有允许。

激流勇退　千古留名

谢安身为朝廷重臣,他经略远瞻,让官员和功臣们互不相争,平衡各种政治势力以保朝廷的稳定。谢安认为刘牢之不可以独自担负重任,又预知王味之不应该专任一城之长。最终,刘牢之果真以叛乱而告终,王味之也因为贪污受贿而身败名裂。谢安的先见之明被世人所称赞。

谢安平时对音乐非常喜欢,但自从他弟弟谢万死后,他10年没有听音乐。登台辅之位后,他整年丝竹不断。王坦之写信劝喻他,他不听从,上层社会纷纷仿效他。而他又在土山上营造别墅,楼馆竹林很茂盛,他常携内外子侄往来游集,每次光菜肴就花费百金之多。人们对此多有非议,而谢安却满不在乎。

后来,会稽王司马道子专政,朝政一片混乱,司马道子身边豢养着一个与谢安关系微妙的小人——谢安的女婿、王坦之的儿子王国宝。王国宝不学无术,品行恶劣,非常被谢安嫌弃,更别提栽培重用了。他对谢安心怀怨恨,经常在司马道子和皇上面前挑拨离间,使孝武帝疏远谢安。为了避嫌,谢安被迫离开京城,举家搬到广陵附近,在那儿修了一座陋府,美其名曰"新城"。在对广陵防务作了周密布置之后,谢安请求朝廷准他回京治病。

当谢安的车辇缓缓驶进建康的时候,谢安很是伤感,他对亲近之人说:"以前我常担心死在专权的桓温手中。忽然有一次,梦到坐桓温的车走了16里,见到一只白鸡才停下来。坐他的车,预示我替代他的职位;16里,意味着我代居宰相16年而止。白鸡主酉,如今太岁在酉,我的病恐怕是好不了啦!"于是,他上疏辞官。几天后,谢安病卒于京师,时年66岁。

长孙无忌

长孙无忌(?－659),唐太宗朝尚书右仆射,高宗朝中书令。字辅机,河南洛阳人。妹为唐太宗皇后。参与策划和组织"玄武门之变"。唐太宗李世民即位后,与房玄龄同为宰相。唐高宗李治即位后,又与褚遂良同为宰相。长孙无忌为官谨慎,力避亲嫌,能直言进谏,这对贞观之治功不可没,同时也是他自缢而死的祸根。

姻戚故旧 功建玄武

长孙无忌祖先为鲜卑拓跋部贵族,父亲长孙晟,隋时名将。他虽出身军事贵族家庭,但并不善于统兵打仗,只是稍懂一些谋略。然而他聪颖好学,博览文史,颇有学识。因父亲较早去世,长孙无忌就与妹妹一起由舅父高俭抚养成人,同时受到了很好的文化教育。长孙无忌与李世民年龄相仿,两人一起长大,妹妹嫁给李世民后,两人的关系更加密切。

大业十三年(617),李渊在太原起兵叛变隋朝,直逼长安。李世民率领先锋部队渡过黄河后,长孙无忌便投奔了他,被李世民用为渭北道行军点签,负责文书和传达军令。次年,李渊在长安称帝,建国号为唐,李世民被封为秦王,长孙无忌的妹妹成为王妃,长孙无忌则成为秦王府得力干将。在与李世民四处征战中屡立功勋,官至兵部郎中,封上党县公。

唐取天下,秦王李世民功绩卓著。削平各路诸候,使国家统一的也是李世民。李世民虽掌握重兵,却多次受到太子建成、齐王元吉的联合攻击。建成、元吉拉拢后宫,日夜诋毁李世民,甚至密谋将其杀掉。受其迷惑、不分是非曲直的李渊也一时拿不定主意。

李建成、李元吉等人不仅攻击李世民,还私下拉拢利诱其部下,拉拢不成就进行诋毁、调任。在此危急关头,东都考功郎中房玄龄与长孙无忌商议:应劝秦王当机立断,除掉建成、元吉,这样既可免除杀身之祸,又可解除社稷之忧。长孙无忌对秦王李世民述说了他们的忧虑和大胆计划,李世民虽听了他们的建议,却犹豫不决。

武德九年(626)六月,突厥入侵河套,太子建成荐齐王元吉领兵出征,元吉乘机请将秦王府骁将尉迟敬德、程知节、段志玄、秦叔宝及其精锐之士由他统帅,并与太子密谋在出师饯别会上杀害秦王。得到报告的李世民忙找长孙无忌等人商议。长孙无忌劝秦王立即先发制人,李世民不忍,尉迟敬德也认为祸事临头,不能再犹豫,否则只能束手待擒,自己也不能为他效命了。长孙无忌说:

长孙无忌

"不从敬德言,事今必败,敬德等不能为王有,无忌也当相随而去,不能再事奉大王了。"在无忌等人的反复劝说下,李世民终于命长孙无忌召房玄龄等心腹到秦王府秘密进行部署。长孙无忌与尉迟敬德商定,房玄龄、杜如晦伪装为道士,由长孙无忌陪同入秦王府,尉迟敬德从他道入府,与秦王制定了立即行动的方案。

六月三日,太史令傅奕向高祖李渊密奏:"太白星经天,见于秦地,秦王当有天下。"李渊就把奏折告诉了秦王李世民,世民乘机奏建成、元吉淫乱后宫,加害兄弟,为仇者快,实不能容等。六月四日,世民与长孙无忌带领尉迟敬德、侯君集、张公谨等人入宫,在武门附近埋伏。当建成、元吉行至近处,伏兵四起,将建成、元吉双双杀死,这就是著名的"玄武门之变"。这场短暂的流血事变,消除了宫廷动乱的根源,使雄才大略又能恤民疾苦的李世民取得了皇太子位。长孙无忌既是李世民的内亲,又是心腹,在这场斗争中起了极为重要的作用。李世民就此事对他多次进行表扬,任命他为左庶子。

定立储君　持重托孤

武德九年八月,李世民正式登帝位。李世民以无忌功第一,进封齐国公,实封1300户,命为吏部尚书。

长孙氏家族深受儒家教育的影响,虽为国戚却不以皇亲的特殊地位去为家族擅权夺利。当李世民登上帝位大展鸿图之时，长孙氏家族却能力避私亲物议，激流勇退，是皇亲国戚中好榜样。

长孙无忌对唐太宗既忠心又顺从，为此也表现得很少有建言，不善谏诤。但他在大是大非面前却头脑清醒，以持重见长，并固执己见，态度坚决。贞观十一年，李世民颁诏，赐14名佐命元勋世袭州刺史，让他们子孙后代拱卫唐室。长孙无忌从维护唐室稳固统治出发，认为这样会给国家带来不利，于是与房玄龄等人上疏，力陈世袭刺史的弊端：其一，一家一姓占据一州，时间一长，难免曲树私党，破坏地方吏治；其二，佐命元勋已蒙重赏，不可再裂土以赐；其三，若孩童袭职，不谙世务吏职，必然为害地方，而一旦触犯刑律，便自取灭亡；其四，若后世效仿此法必将会留下无穷的祸患。唐太宗在他的一再坚持下，终于收回成命。

贞观十七年四月，李承乾因为谋反而被废除太子之位。接下来最有资格被立为太子的是长孙皇后的另外两个儿子：魏王李泰和晋王李治。长孙无忌极力主张立晋王李治为太子。

长孙无忌拥立晋王李治为太子，有他自己的想法。为了在太宗之后能够继续得到尊重，权势得到加强，他希望将来的皇帝是仁孝之人。李治生性懦弱，是最佳人选。魏王李泰则不同，他才华出众，自置文学馆后广纳贤士，其门下有众多的文武官员，早已形成一股政治势

唐太宗李世民

力,他若继位将依靠并重用招纳的党羽,而不会是舅父长孙无忌。同时唐太宗对立李泰为太子也很不放心。李泰门下都是些功臣子弟,他们因祖上资荫,身处高官,奢侈放纵,均盼着李泰当皇帝后驱逐元老,自己掌权。而李治这边则是以长孙无忌为首,包括褚遂良等在内的元老重臣。唐太宗希望自己死后贞观政治依然存在,势必依靠长孙无忌等的辅佐。于是,李治被唐太宗立为太子。

贞观二十二年(648),唐太宗感到自己身体不佳,于是他为李治顺利继位开始了准备工作。为除隐患,不惜杀掉他不放心的文臣和武将,而把政事更多地委托长孙无忌,命他检校中书令,知尚书、门下省事,实际上是总领三省政务。他认为长孙无忌老成持重,对他忠心不二,又是李治的拥立者,定能帮助他顺利交接皇权,辅佐李治走上统治天下的正轨。

次年五月,李世民病危,弥留之际,他把长孙无忌、褚遂良叫到床前,嘱咐他们一定要保全李治夫妇。同时又让褚遂良负责使无忌免遭谗毁之徒的陷害,李世民在所有元老重臣中,最能放得下心来的只有长孙无忌,所以他临死时还关心着他死后长孙无忌的命运。

祸起武氏　终遭迫害

李世民死后，李治即皇帝位，是为高宗。长孙无忌以顾命大臣身份进位太尉，兼检校中书令，知尚书、门下事。长孙无忌力辞知尚书省事，乃以太尉同中书门下三品，全权处理朝政。李治治政经验很少，又无决断能力，政事全凭长孙无忌、褚遂良等人办理。在长孙无忌、褚遂良的辅佐下，李治即位最初几年也平安无事。

永徽四年(653)，房州刺史、驸马都尉房遗爱（房玄龄之子）与妻高阳公主（太宗之女）密议，与宁州刺史、驸马都尉薛万彻（高祖女丹阳公主夫）、太岚州刺史、驸马都尉柴令武（太宗女巴陵公主夫）共谋，打算另立秦州刺史、高宗叔父、荆王元景为帝。计谋败露，高宗令长孙无忌查询此案。为了消除对高宗地位构成的威胁和未来政治中的隐患，长孙无忌不惜虚构罪状，罗致大狱，将吴王顾恪及高宗叔父李道宗等都牵连进去，赐李恪与李元景、高阳公主等自尽；房遗爱、薛万彻、柴令武皆斩；李道宗被流放岭南。此时的长孙无忌已经有了残忍专断之风。

但使长孙无忌及其家族命运彻底改变的是源自永徽五年(654)十月的废立皇后之争。唐高宗打算立武昭仪为皇后，长孙无忌屡次谏言，都遭拒绝。高宗还秘密遣人赐送长孙无忌金银宝器、绫绢锦缎，并亲自登门，继而武氏之母杨氏也前来游说，长孙无忌始终不允。礼部尚书许敬宗多次劝说，长孙无忌同样厉声拒绝。永徽六年九月，高宗不顾长孙无忌和褚遂良的反对，封武昭仪为皇后。对此事耿耿于怀的武氏，于是命许敬宗寻找机会加害长孙无忌。

长孙无忌在武氏为后之后，不再过问朝政，只是埋头修国史、订新礼。显庆二年(657)许敬宗、李义府秉承武后意旨，诬奏韩瑗、来济与褚遂良潜谋不轨，并将他们都贬到边州；许敬宗当时为侍中，又为中书令。显庆四年四月，尉迟敬德病逝，褚遂良也死于贬所爱州(今越南清化省清化)。许敬宗与武后眼见元老们大势已去，又作进一步的迫害，借发现朋党事，诬陷长孙无忌策划谋反。高宗对这位亲自辅佐自己即位的舅舅谋反，开始并不相信，许敬宗却编造了一个长孙无忌、褚遂良、柳奭、韩瑗和于志宁等人的谋反集团，并肆意捏造事实来蛊惑高宗。被武后控制的高宗终于由怀疑到相信，甚至不经亲自察问，便任由许敬宗去处理了这位效忠唐室30余载的舅舅，流放黔州(今四川彭水县)。同时也株连了太子太师于志宁等一班朝臣。七月，许敬宗又派中书舍人袁公瑜至黔州，在逼迫之下，一代名相长孙无忌只得自缢身亡。

魏 徵

魏徵(580 – 643)，字玄成，唐太宗朝著名宰相。唐代著名的政治家、史学家、文学家。魏徵任相期间，恪尽职守、刚直不阿、敢于直谏，对于唐太宗统治的维护和巩固以及唐代社会的安定、政治的开明、经济的繁荣，功不可没。贞观十六年(624)，魏徵病逝。谥"文贞"。

加盟瓦岗　兵败降唐

魏徵出生于隋朝末年的一个官宦家庭。父亲魏长贤为政清廉，秉性刚直，而且博学多才，治学严谨，魏徵自幼耳濡目染，受到了良好熏陶和感染。由于父亲英年早逝，家道随之衰落，但是魏徵并没有因此而意志消沉，沦落颓废，反而更加胸怀大志，勤学苦读。生逢乱世，魏徵深感入世无望，无法施展自己的才华，便出家当了道士。

当时，在河南一带翟让、李密领导的瓦岗军，攻占了洛阳东北的最大粮仓洛仓；起义军开仓放粮，济贫救苦，深得百姓拥护。队伍迅速扩大，声威日盛。隋大业十二年(616)，隋武阳郡丞元宝藏起兵响应李密，元宝藏知魏徵有学识，便动员他加入起义军，让魏徵做了郡府的书记官,掌管军中的文书。

后来,元宝藏意欲投奔瓦岗寨首领李密,多次写信表明愿意。李密阅信深感措辞贴切、文采飞扬,常常赞叹不已。以后知道这些书信均出自魏徵手笔,李密便请魏徵到元帅府任文学参军,掌管记室。魏徵向李密条陈十项,但李密在惊奇魏徵才华横溢、深谋远略之余,却未采纳他的建议。隋大业十三年(617),李密刺杀了瓦岗军首领翟让,瓦岗军的领导力量被大大削弱。尽管如此, 瓦岗军仍是一支很强的反隋力量,曾先后打败隋将王世充和宇文化及。

瓦岗军屡败隋军,声势日盛,李密便渐渐滋长了骄傲的情绪。当然他也很快为此付出了惨痛的代价。就在李密谋杀翟让不久,王世充又集中20万大军向瓦岗军扑来。魏徵非常关心这次战斗的胜败。他找到李密的一个手下郑长史说:"李密虽然大胜,但精兵强将损失很多,兵士疲惫,这二个因素使他很难应敌。王世充粮草馈乏,意在速战速决,我们不能与之争锋,不如挖深沟高筑墙来迎敌,不过半月,敌人一定会撤退,这时我军再追击,一定能取胜。"魏徵的意见无疑是正确的。但目光短浅的郑长史却斥之为"老生之常谈"。魏徵非常生气,拂袖而去。结果,李密大败,瓦岗军全军崩溃,李密只得投降唐朝。魏徵也随李密来到京城长安。

辅佐太子　竭力谋划

李密归唐后不久又举兵谋反,最终兵败被杀。魏徵是李密的同党,自然也就不会受到李渊的重用。魏徵苦于自己通晓天文地理、熟谙运筹帷幄,却落得个英雄无用武之地,于是便主动请缨,招抚太行山以东地区的李密余党。魏徵先来到黎阳(今河南浚县东北),给据守在那里的徐世勣写了一封语重心长的信,晓之以理,动之以情,规劝其认清形势、归附唐朝,才能成就一番事业。在魏徵的极力说服下,徐世勣不久便归降了唐朝。后来,魏徵又直奔魏州,说服老朋友元宝藏也归附了唐朝。

武德二年(619)十月,窦建德起兵南下,直攻黎阳。此时,魏徵刚好从魏州返回黎阳。黎阳失守,魏徵被俘。窦建德对魏徵的才学早有耳闻,便任魏徵为起居舍人。

武德四年(621),李世民亲率大军东征洛阳。此时,占据洛阳的隋将王世充联络窦建德严防死守,双方对峙数日。最终被李世民击败,魏徵才得以回归长安。

然而,重回长安的魏徵仍然不被朝廷重用。就在魏徵心灰意冷之时,极具慧眼的太子李建成发现了他,并对他的学识颇为赏识,

魏　徵

便招为太子洗马。为报太子的知遇之恩。魏徵尽心辅佐、积极谋划。

在李建成和李世民争夺皇位的斗争中,魏徵竭力为李建成出谋划策。魏徵看到李世民创建唐王朝的过程中战功卓著,深得人心,就对李建成说:"秦王功盖天下,中外归心,殿下却长处深居东宫,并没有威镇海内的丰功伟绩。 您虽已被立为太子,但获得皇位的根基并不牢固。"这时,逃往突厥的窦建德残部刘黑闼经过几个月的休整,率部收复河北失地,恢复了许多州县。魏徵认为这对太子来说是个壮大势力、提高威望的绝好时机。于是便向李建成进言说:"现在刘黑闼正处混乱之中,军不过万,粮草匮乏,如这时我们大军压上,一定会势如拉朽,殿下应该自己率兵攻击他以壮声威,从而结交山东豪杰,这样才可以确保平安。"李建成同意魏徵的建议并向李渊请命。李渊诏李建成率军征讨刘黑闼。魏徵随军出征。唐军兵至昌乐,刘黑闼引兵拒之,两军严阵以待。魏徵向李建成建议:采用镇压和安抚相结合的政策,遣返俘虏,使刘黑闼的同党相信朝廷的赦免政策,以瓦解其军心。果然不出所料,敌军纷纷放下武器,很快便不战自败,河北大批失地又尽归唐朝。

统一天下后,李建成和李世民的矛盾激化,魏徵屡屡劝说李建成早下决心,除掉李世民以绝后患,但是李建成优柔寡断,顾虑重重,并没有接受魏徵建议。武德

【十八学士图】卷 局部 [清] 孙祜周鲲丁观鹏画 中国台北故宫博物院藏

[十八学士图] 卷 佚名 [清] 绢本设色纵173厘米横98厘米 中国台北故宫博物院藏

九年(626)，李世民先发制人，在玄武门设下伏兵，一举诛杀了李建成和李元吉，取得了玄武门之变的胜利。李渊被迫接受了现实，改立李世民为太子，并将军国大政完全交由李世民处理。

玄武门事变后，李世民对李建成属下不计前嫌。一天，他把魏徵召来责问道："你为什么要离间我们兄弟？"魏徵从容答道："太子若听我的话，决不会有今日之祸。"李世民早就知道魏徵的才能，又见他临危不惧，更加器重他，任命魏徵为詹事主簿，掌握东宫的庶务和文书。武德九年(626)八月，李世民当了皇帝，是为太宗。唐太宗知人善任，提升魏徵为谏议大夫。

直谏太宗　刚正不阿

魏徵是一位深谙君臣道义的封建士大夫。在民间的隐学生涯中，他悉知衰亡之道，洞明平天下之理，追求一种明君贤臣的高尚境界。

贞观元年(627)，有人告发魏徵利用职权徇私舞弊。太宗请御史大夫温彦博查办，结果查无实据。温彦博奉诏责怪魏徵，说他不注意检点行为、远避嫌疑，以致惹来诽谤。魏徵去见太宗说，臣不敢奉诏。他还说，君臣一条心，才叫做一体，哪有抛却大公无私，而专在检点行为上下功夫？如果上下都走这条路，国家兴亡就难以预料了。他对唐太宗说："希望您让微臣成良臣，而不让我成为忠臣。"太宗问："忠臣和良臣的区别又在哪里呢？"魏徵说："良臣身有美名，如稷、契，君主也获得好的声誉。而忠臣则不同，如商纣王时的比干，面折廷争，身诛国亡。"太宗听了非常高兴，接着问魏徵："作为国君如何做才算得上英明，怎样做又算得昏聩？"魏徵回答说："兼听则明，偏听则暗。"唐太宗听后非常高兴，拍手叫好。

贞观三年(629)二月。魏徵以秘书监参预朝政，当了宰相。

一代名君唐太宗，广采众意，虚怀纳谏，但是，没过多久，唐太宗便尝到魏徵耿直性格的苦头。唐太宗刚刚即位，北方游牧部落的突厥人便向唐境进犯，抵达渭水之北。唐太宗虽然将敌兵智退，但是心中仍是愤愤不平。他总想扩大兵源，以示强盛。对此宰相封德彝出面奏道："凡年满16岁以上而未满18的男子当中，体型壮大者均可典为府兵。"这一意见最终得到了唐太宗的采纳。但是敕令下达之后却遭到魏徵的极力反对。经过几次的反复，唐太宗大动肝火，他责问魏徵道："朕下达此诏令，是朕亲自得知有人为逃避兵役而将其实际年龄隐瞒。你为何三番五次拦阻于朕？"在盛气凌人的唐太宗面前，魏徵并无惧色，他从容地说道："古人曾经说过，竭泽而渔，明年就会无鱼可捕；放火烧林猎取野兽，虽然可以大量捕捉，但明年就会无兽可捕。这个道理陛下应该明白。战争逼近，兵不在多，在于御之有道，陛下取其壮健，指挥有术，足以无敌于天下，何必将未成年之人拿来凑数呢！"魏徵见唐太宗怒色渐消，又进一步劝唐太宗："陛下常说：'君主以诚信御天下'，欲使臣民皆无欺诈，陛下必先取信于民。如今即位时间不久，陛下就已经几次失信于民了。"唐太宗听了魏徵的诉说后大吃一惊，他连忙说道："朕哪些地方失信了，请你详细说与朕听。"魏徵便一一列举。魏徵一番话有理有据，说得唐太宗心服口服，从此改变了对魏徵的看法。

唐贞观八年(634)，朝臣中进谏的人日益增多，但有许多人进谏要么不切实际，要么纯属无稽之谈，往往使得太宗龙颜大怒。中丞皇甫德参进谏说，社会上妇女梳高发型，是让皇宫里的宫女带坏了。唐太宗听人说宫女的坏话，自然很生气，骂道："难道让宫人都剃掉头发，你们才会满意吗？"他要以诽谤罪处罚皇甫德参。但魏徵坚决反对这样做，他说："自古劝谏的奏章，往往用词偏激，不然，又怎么引起君主的重视呢？陛下您要始终清楚这一点，让大家放心大胆地去说，讲得有道理，自然于国于民都有好处，讲得不对，也不会有什么妨碍。若动不动就治罪，以后谁还敢开口呢？"魏徵有力且有理的慷慨陈词，使唐太宗打消了处罚皇甫德参的念头。

有时候，魏徵在劝谏唐太宗时言辞激烈，很不给唐太宗面子，只是由于太宗和魏徵的情谊一直很深，所以不好发作，这令太宗有时竟然惧怕他，所以对他说："你以后不妨这样，如果你认为我有什么不对的，当着大家的面只管顺着朕的意思说，等没有人时悄悄告诉朕，朕一定照你说的办！"魏徵却不同意，说："舜帝曾告诫群臣，不能当面顺从，背后反对。陛下虽没有这样告诫魏徵，臣却天生是这样的人。"魏徵讲得很有道理，唐太宗不好随便反对。

此外，魏徵常常提醒唐太宗勿扰民扰民。一次，唐太宗要巡游南山，一切都准备好了，但好久不见出发的动静。魏徵为此询问唐太宗。唐太宗告诉魏徵，原先是有这种打算的，因为怕你怪罪，故中止了。贞观初期唐太宗虚心纳谏，躬行节俭，以省民力。632年，唐朝经济好转，国泰民安。文武官员再次请唐太宗封禅，也就是到泰山祭天，表示对天的敬畏。魏徵却竭力反对封禅，他说："眼下国家刚刚安定，百业待兴，国库尚为空虚。在这种情况下封禅，兴师动众，必然劳民伤财，与'抚民以静'的国策相悖。"太宗听了这番道理，取消了封禅计划。

唐太宗庆幸有魏徵这样的刚直不阿的大臣。他把魏徵比喻为良匠，而他自己是一块混在石头中的美玉，必须经过良匠的打磨。魏徵的确是良匠，雕琢出了唐太宗这样的美玉，他先后进谏数十万言，提出诸如"载舟覆舟"、"十思"等等杰出的论断，这些都可以为历代帝王提供参考和借鉴。

贞观十六年(642),魏徵病逝。唐太宗悲痛万分,亲自登门哭祭,辍朝5天,并准备用最高规格的礼仪送葬,让文武百官送出郊外。事后,唐太宗还亲自为魏徵写了碑文。对于魏徵的去世,唐太宗曾感叹地说:"以铜为镜,可以正衣冠;以史为镜,可以知得失。如今魏徵去世,使我失去了一面镜子啊。"

狄 仁 杰

狄仁杰(630—700)，唐武则天时宰相。字怀英。并州太原（今山西太原）人。祖父狄孝绪，唐太宗时做过尚书左丞，封临颍男。父亲狄知逊，做过夔州长史。谥号"文惠"。狄仁杰两次拜相，深受信任，辅佐武则天矫正时弊，安抚民生，举贤任能，严肃法纪，匡复唐室，政绩卓著。

仗义执法　善断疑案

狄仁杰，唐太宗贞观四年(630)，出生于一个官宦家庭。字怀英，并州太原（今山西省太原市）人，少年时代，他敏而好问，一心向学。一次，有个县吏来调查案子，周围的人皆说与自己无关，惟独狄仁杰仍伏案读书，不予理睬。县吏很气愤，责问狄仁杰。狄仁杰回答说："我正在和书中的圣贤对话，哪有闲功夫和俗吏搭腔。"气得县吏咬牙切齿。后来，狄仁杰参加科考，以明经中举，进入仕途。

高宗仪凤元年(676)，狄仁杰上调升任掌握刑狱的大理丞。由于他处理案件不仅公正，而且果断，因此办事效率极高。在短短的一年时间里，处理了17000人的案子，公正合理又合法，无一例冤假错案。

一次，两位官吏误砍了唐太宗昭陵上的一棵柏树，狄仁杰判两人免官。后来高宗知道了这件事情，非要定两人死罪。狄仁杰却持反对意见，高宗怒道："他们让我背上不孝的罪名，我一定要杀！"狄仁杰说："今天因为误伐一棵柏树而杀死两个大臣，让后人该如何看待皇上您呢？"高宗听后觉得确实如此，遂同意

狄仁杰

狄仁杰的看法将此二人免官，流放岭南。正是由于这件事，高宗发现狄仁杰有胆有识，不久就提升他为侍御史，负责监督各级官吏。在侍御史任上，狄仁杰忠于职守，不顾个人安危，不畏显贵权势，凡违法者，不论权高位低皆不宽容。

调露元年(679)，唐高宗嫌乾陵玄宫过于狭小，容纳不下陪葬器具，便令司农卿韦弘执扩建。韦弘执不仅扩建了乾陵玄宫，还执意在洛阳为高宗建造宿羽、高山、上阳等豪华宫殿。特别是上阳宫濒临洛水，一里长的画廊可谓真具皇家气派，雕梁画栋、流光溢彩。宫殿完工后，高宗即移居东都洛阳。不久，狄仁杰上疏奏劾韦弘执，说他建造如此华丽的宫殿是在引诱皇帝追求奢侈豪华。高宗这才猛然醒悟，遂免了韦弘执的官。左司郎中王本立倚仗高宗的恩宠，横行霸道，无人敢惹。狄仁杰

上奏弹劾，但高宗却赦免了他。狄仁杰继续上奏，高宗终被说服，遂免去王本立的官职，并定了罪。

经过这几件事，满朝文武都十分佩服狄仁杰的勇气和胆量。但这只是狄仁杰一个方面的特征，他除了不畏权贵之外，对老百姓也十分关心。一次，唐高宗去汾阳宫（今山西宁武西，隋炀帝修建），狄仁杰随行。将经并州，并州长史李冲玄认为华服艳装过妒女祠会遭风雷之灾，便驱使数万百姓民工改修驰道，以便皇帝通行。狄仁杰闻讯非常气愤，立即制止此事，命数万民工返归。高宗为此称赞狄仁杰道："真大丈夫也！"

州郡任职　为官清明

弘道元年（683），高宗病逝，其子李显即位，是为中宗，武则天以太后身份临朝执政。第二年，武则天废中宗为庐陵王，立幼子李旦为帝，是为睿宗，武则天继续临朝称制。

垂拱二年（686），狄仁杰转任到汉民族与少数民族杂居的宁州地区做刺史。宁州在甘肃境内，可以说是地处边疆，民族矛盾错综复杂。狄仁杰到任后，体察民情，施政有方，因而使各民族和睦相处，其本人也因为政一方而为当地人所拥护。老百姓为感谢他的恩德，还特地立碑来记载歌颂他的政绩。不久，右台监察使郭翰巡视陇右各地，所到之处，大多民不聊生，许多地方官不仅欺压百姓，而且欺瞒朝廷。但一到宁州，面目一新，百姓安居乐业，人们纷纷称赞狄仁杰的德政。郭翰回到朝廷后，向朝廷推荐狄仁杰，请求重用。不久，狄仁杰被提升为掌握工程建设的冬宫侍郎，充任江南巡抚使。

到了江南之后，他发现吴楚一带建有很多祠庙，并且祭祀泛滥。狄仁杰对这种做法非常厌恶，他不畏地方强权及民众的非议，一举关闭和拆毁了1700多所祠庙，只保留了夏禹、吴太伯、季札、伍员四祠。

武则天当政之初，为稳固自己的统治地位，排除异己势力，依靠李义府、许敬宗等贬杀了长孙无忌、褚遂良等许多唐宗皇戚、元老重臣，就连自己的亲生儿子也被幽禁，并大肆重用武氏家族的武承嗣、武三思等人，这些做法引起了李唐宗室的强烈不满。嗣圣元年(684)，柳州司马徐敬业在扬州起兵反对武则天，匡复唐室。他以拥立庐陵王为号召，人数曾发展到10余万，最后被武则天镇压下去。垂拱四年(688)琅玡王李冲在博州、越王李贞在豫州又起兵反对武则天，但因力量悬殊很快就遭失败。

为了尽快使豫州恢复平静，武则天派狄仁杰出任豫州刺史。当时武则天为惩治李贞余党，定罪六七百家，籍没5000口。狄仁杰为此密奏武则天，认为一旦按此定罪，将牵连甚广，何况这些人中有许多是被迫作乱，并非本心所为，可以赦免。最终武则天被狄仁杰说服，同意从轻发落，将他们流放丰州。这些人深感狄仁杰的活命之恩，在路过宁州时，跪拜在狄公的德政碑前，"设斋三日而后行。"到了丰州又亲手为狄仁杰立下德政碑。

长者风范　被诬入狱

690年，武则天干脆废掉了傀儡皇帝李旦，发动了"武周革命"，改唐为周，自己登上了皇位，成为了中国历史上唯一的女皇帝。虽然有人说她心狠手辣，但她同时也是一位唯才是举、任用贤能的女政治家。天授二年(691)，武则天又重新起用狄仁杰，任命他为地官侍郎，同凤阁鸾台平章事，成为宰相。

一天，武则天问狄仁杰："曾经有人说你坏话，你是否想知道是谁说的，说你什么。"狄仁杰回答说："陛下，臣不愿知道。陛下以臣为过，臣愿改正。如臣无过，臣之幸也。"武则天大为赞赏，叹曰："狄仁杰真有长者风范啊！"

狄仁杰当宰相后，常陪伴于武则天左右，发现她事无巨细都要亲自处理，便上疏说，君王应该牢牢掌握赦免和诛杀大权，其他的一些事应该由有司处理，自己不必过问。武则天对狄仁杰的建议很满意。

武则天对狄仁杰的信任，也使他招致了别人的怨恨。长寿元年(692)一月，酷吏来俊臣诬告狄仁杰谋反。武则天不察详情，就把做了4个月宰相的狄仁杰罢相下狱。当初，武则天为统治政权，任用酷吏是一重要手段。为了排除异己,制造谋反大案是他们诬陷别人的拿手好戏。他们制造许多刑具,对被告严刑逼供。这次,来俊臣为了诱使狄仁杰承认谋反,要他承认愿为武后的臣下就可免去他死罪。狄仁杰想要是冤死在此,永远没有真相大白的一天。所以一定要先保这条命,于是承认了谋反。其他几个被指控谋反的大臣,除魏元忠外,都和狄仁杰一样,全都服了罪。来俊臣见服了罪,没有用酷刑,只将他收监。一天,判官王德寿受来俊臣指使,诱逼狄仁杰招供宰相杨执柔是同党,狄仁杰十分气愤,说:"天啊,难道是你叫狄仁杰去干这种事情吗?"说罢以头触柱,血流满地。王德寿害怕至极,不敢再说了。

狄仁杰承认谋反,来俊臣等也就放松了对他的看管,狄仁杰趁此机会,从狱吏那里借来笔砚,偷偷撕碎被子,写了一份冤状,缝在棉衣里,请狱吏把棉衣送到家里。

狄仁杰的儿子狄光远把父亲所写的冤状看完后,急忙向武则天告发。武则天召来俊臣询问,来俊臣对武则天说,狄仁杰下狱,并未动过刑,他住的地方也很舒服,如果没有事实,他哪会承认谋反。武则天犹疑未定,派通事舍人周綝到大牢察看。来俊臣要狄仁杰穿好朝服,会见通事舍人周綝,又假造了一份请求赐死的《谢罪表》,让周綝上交武则天。事实上,周綝早已被来俊臣收买。眼看狄仁杰危在旦夕,就在这关键时刻,凤阁侍郎乐思晦的儿子被武则天召见,他在武则天的面前控告来俊臣滥用酷刑,说国家的王法早被来俊臣所玩弄,任何一个亲信大臣,来俊臣都可以逼他承认谋反。听了这个9岁小孩的话,武则天有所醒悟。他召来狄仁杰,亲自问他为什么承认谋反。狄仁杰回答说,不承认早就死于酷刑之下了,哪里还有今日再次见到陛下的可能?武则天又问他为何要写《谢罪表》。狄仁杰告说,并无此事。武则天这才真相大白,释放了狄仁杰等7名同案官员。虽然如此,武则天还是没有让他们官复原职。狄仁杰被贬为彭泽县令,同案有的还被流放到了岭南。在彭泽,狄仁杰一呆就是4年。

保国安民　为国举贤

万岁通天元年(696),北方契丹孙万荣率军侵犯大唐,并攻克了冀州城,冀州刺史陆宝积被杀,数千官兵惨遭屠戮。又转兵攻瀛州,河北为之大震,人心恐慌。武则天立即提升狄仁杰为魏州(今河北魏县、大名县等地)刺史,前去平息战乱。此前,前任刺史因担心契丹突然来袭,便让老百姓全部迁入城里修补城墙,巩固城防。狄仁杰到任以后,却反其道而行之。他打开城门,让老百姓出城耕作。狄仁杰宣称,敌人离这里还很远,不必这样惊慌。如果敌军到来,他自有退敌制胜之策。果然,契丹听说狄仁杰到了魏州,竟不战自退。这下,魏州官民对狄仁杰的气势和胆略佩服万分,他们立碑感谢狄仁杰的德政。随后,狄仁杰改任幽州都督。武则天赐紫袍、龟带，在袍子上亲制了12个金字，以表彰狄仁杰的功绩以及对她的忠心。

神功元年(697)，狄仁杰晋升为鸾台侍郎、同凤阁鸾台平章事，第二次做了宰相。复相后，狄仁杰遇到的第一个大问题是派兵镇守疏勒四镇。

当时，正值王孝杰率军大破吐蕃军队，争回龟兹、疏勒、于阗、碎叶等四郡。因这四郡为大唐的边塞要地，武则天要求派军驻守。但狄仁杰认为，派兵驻守四镇并非高明之策。建议仿效贞观年间唐太宗册封阿史思摩为可汗，由他镇守四镇的旧例，封阴山贵族阿史那斛瑟罗为可汗，委坐四镇。这样不仅省了大笔开支，又能达到安边的目的。虽然武则天最终没有采纳狄仁杰的意见，但狄仁杰为国家为百姓着想的心愿还是值得称道的。

圣历元年(698)八月，狄仁杰再次得到提升，拜为纳言，成了最高的监察长官，兼肃政御史大夫。同年，北方东突厥进犯河北，攻掠定州（今河北省定州市）、赵州（河北赵县），杀死官兵无数。武则天命太子为河北道元帅，狄仁杰为河北道行军副元帅，征讨东突厥。为了鼓舞士气，武则天亲自送军队出征。狄仁杰率10万大军穷追猛打，东突厥迅速逃回漠北。当地的百姓因为曾受突厥驱使，生怕被官兵杀害，惶恐之中纷纷逃匿。武则天任命狄仁杰为河北道安抚大使负责处理此事，为快速地平定事端、安抚百姓，狄仁杰上疏武则天，请求将这些百姓一律赦免，不加追究。武则天采纳了狄仁杰的建议，对被突厥驱使的百姓一律不问罪，许多逃匿的百姓纷纷回家。同时，狄仁杰还发放粮食，救济穷困百姓，并下令，严禁官兵侵扰百姓，有违犯的，定斩不赦。在狄仁杰恤民政策的感召下，河北道很快安定下来。狄仁杰回朝后，被授予内史。

武则天称帝以后，一直有一个问题困扰着她，让她昼不能寝、夜不能寐。那就是在自己百年以后，将由谁来继承她的大业。唐睿宗虽是她的亲生儿子，又赐了武姓，但他毕竟是李唐王朝的后代。如果将她的侄子武承嗣或武三思册立为太子，但两人又缺乏品德和才能，不可能成为贤明君主。武承嗣在武则天改唐为周后，也确有想当太子的念头。但是，武则天一直也没定下来由谁来当太子。狄仁杰便趁武则天犹豫不决时，对武则天说："太宗皇帝不避风霜，亲冒枪林箭雨，九死一生，平定了天下，创立大唐基业，传给后世子孙。先帝驾崩时，把两位皇子托付给陛下。陛下现在打算把天下移交给别人，这恐怕有违天意吧！况且，姑妈与侄儿，亲娘与儿子到底谁亲？立儿子为太子，将来陛下百年之后，牌位送到皇家祖庙，可以陪伴先帝，代代相传。皇位如由侄儿继承，我可没听说过侄儿当皇帝把姑妈牌位送到皇家祖庙去的！"狄仁杰的这一番话说得武则天无言以对。

后来，鸾台侍郎王方庆、内史王及善等也提出立庐陵王为太子的建议，武则天才有些心动。紧接着狄仁杰又说服张易之、张昌宗兄弟,让他们劝武则天立庐陵王为太子。武则天才将庐陵王接回,立为太子。

狄仁杰为相,善于举贤任能,他先后荐举桓彦范、敬晖、窦怀贞、姚崇等数十人,其中有的成了治世名相。

契丹部落将领李楷固、骆务整归降唐朝后,许多大臣都说契丹人靠不住,留下必成祸患,均纷纷要求将其处死,并诛灭九族。狄仁杰却建议赦免他们,并予以重用。武则天采纳了他的建议,任命李楷固为左玉钤卫将军、骆务整为右武威卫将军,派他们率军攻打契丹残余势力。二人大胜归朝,武则天非常高兴。在庆功宴上,武则天当着文武百官的面对狄仁杰说:"这都是因为你的知人之明啊!"

狄仁杰举人,以德才为重,真正做到内举不避亲,外举不避仇。有一年,武则天要每位宰相各推举尚书郎一名,狄仁杰推荐其子狄光嗣。后拜为地官员外郎,很是称职,武则天称赞他有祁奚举亲的遗风。

因为狄仁杰知人荐才,当时人赞誉他:"天下桃李,悉在狄公门。"狄仁杰说:"荐贤为国,非为私也。"

久视元年(700)九月,狄仁杰病逝,享年71岁。谥"文惠"。

姚 崇

姚崇(650－721)，唐武则天、中宗、玄宗时宰相。本名元崇。陕州硖石(今河南三门峡)人。其父姚懿在贞观年间曾任州都督。姚崇一生三次出任宰相，共居相位10余年。他挽救危局，整顿吏治，振兴经济，对开创开元之治、使唐朝重新走上繁荣和兴盛之路起了十分重要的作用，人称"救时宰相。"

才能卓越　破格重用

姚崇自幼便勤奋好学，敏而好问。成年之后为人正直爽快，崇尚节操。后以科举入仕，始授濮州司仓参军，后又任司刑丞。因他执法公正，作风端正特别受上司器重，所以连续晋升。到武则天时，姚崇已官至夏官(即兵部)郎中。此时，东北有契丹族不断侵扰边境，武则天一再派大兵抵御，因此兵部的事务特别繁忙，姚崇的才干在此时得到了充分的发挥。那些纷繁复杂的事务，到了他的手里，都处理得干净利索，井然有序。兵部是中央机关，皇帝自然对里面的事情知道得一清二楚。爱才的武则天对姚崇的才干很是赏识，立即就提拔他为兵部侍郎。武则天赋予他的重任，对姚崇而言，不仅是一种鼓励，同时也是一种锻炼，越难处理的问题越能使他的才能得以提高。

早年,武则天为了巩固自己的统治,曾重用酷吏,奖励告密,以打击与自己唱反调的朝中大臣。因此,在一段时间里,朝中大臣人人自危,惶惶不可终日。姚崇当政以后,力图改变这种现状。神功元年(697),武则天对大臣们说:"以前周兴、来俊臣审理案件,多涉及朝廷大臣,说是他们反叛,国家法律摆在这里,我怎么能够违反呢?其中有的我也怀疑有冤枉,是滥用刑罚造成的,就派近臣到监狱中去审问,及得到他们手写的状纸,都是自己承认有罪,我就不怀疑了。但自从周、来二人死后,就很少再听到谋反的事了,这是不是意味着以前被杀的人中,是不是有冤枉了的呢?"姚崇曾在刑部任职,故对这方面情况比较熟悉;对武则天本人他也比较了解,知道她也重用过一些坏人,滥杀无辜,然尚未完全被坏人控制,也任用一些正派人主管刑法,并在这个问题上能够听得进不同的意见。他针对武则天提的问题,直率而又诚恳地陈述了自己的看法,他说:"恳求陛下,今后要是收到告状,只是把它收存起来,不要去追究就是了。假若以后发现证据,真的有人谋反,我甘愿承受知而不告之罪。"对此武则天表现得很高兴,并赐给他银千两。至此,姚崇与武则天的相知

姚 崇

又更进一步。

过了一年,姚崇升任宰相,并在出任宰相的时候,兼任兵部尚书,所以对兵部的职掌非常熟悉;举凡边防哨卡,军营分布,士兵情况,兵器储备,他都烂熟于心。玄宗初年,作为宰相,他带头裁减冗员,整顿制度,任用官吏,注重才能,使得以皇帝为首的大唐封建国家职责分明,指挥灵敏。他与庐怀慎同作宰相时,请假十多天,政事积压很多,姚崇假满上班,很快裁决了积压下来的政事。然而,正因为姚崇为人正直,不畏权势,得罪了骄横跋扈、横行不法的武则天的宠臣张易之,被调出京城,任灵武道大总管。临行前,武则天要他推荐一位宰相,他推荐了张柬之。此前狄仁杰曾两次向武则天推荐张柬之,张柬之每被推荐一次,就升一次官,但一直未登上宰相的宝座。这一次姚崇再次推荐,张柬之很快就走上了宰相的职位,而此时张柬之已是80高龄。

诛杀二张　远祸全身

张柬之做宰相后,亦对张氏兄弟的横行不法深感不安。朝臣们多次上书,要求惩治二张,但因为武则天袒护,始终在宫中逍遥法外。神龙元年(705)正月,武则天病重,张柬之认为此时正是诛杀张氏二兄弟的天赐良机。正好姚崇从驻地灵武回京,经过姚崇与张柬之等密谋，率500羽林兵，直接进入玄武门，杀死了这两个淫夫恶棍。随后，又对武则天施加压力，迫使武则天将帝位让给太子李显。

李显复位后，以姚崇、张柬之为宰相，因姚崇有功，加封他为梁县侯，食邑200户。后武则天迁居洛阳上阳宫，已即位的中宗李显带领文武百官至上阳宫问候起居。王公群臣相互庆贺，唯独姚崇呜咽流泪。张柬之对姚崇说："今日岂公流泣之时，恐公祸由此始。"姚崇说："我侍奉则天皇帝的时间已经很久了，现在要与她辞别，不禁悲从中来。日前助你诛杀奸邪小人，此乃人臣之义也；今日别旧君，亦人臣之义也，虽获罪，实所甘心。"中宗李显听到姚崇的这些话，心中非常不悦，故没过几日便将姚崇调离京城，出任亳州刺史。其实，姚崇的悲泣决不是留恋君臣的私情，他看到张易之兄弟虽已被杀，武则天虽已让位给太子，中宗虽然已登上皇帝宝座，但武氏家族的势力很大，将来一定会有一场激烈的斗争，他不愿遭到武氏势力的暗算，因而才演出了这一出感人涕下的戏，以淡出激烈而黑暗的朝廷纷争。果然不出所料，第二年，武则天的侄儿武三思在中宗的支持下，削了张柬之等5人的实权，后在流放中被害。而姚崇却幸免于难。

姚崇罢相后，先后在亳州、宋州、常州等地当刺史，远离了京城，远离了是非之地。这时朝廷已为武三思和韦后所掌握，武三思渴望他们武氏重掌政权，韦后希望能够效仿武则天也当女皇帝,而中宗只是傀儡。太子李重俊对武、韦早已积恨在心,于景龙元年(707)七月,矫诏发羽林军,杀死武三思及党羽10余人,昏庸的中宗在韦后和女儿安乐公主的包围、逼迫下,发兵杀了太子李重俊。韦后和安乐公主野心越来越大,两人合谋,毒死了中宗。朝中大权完全掌握在她们手中。可是,好梦不长。李隆基策动禁军又一次发动政变,杀死韦后、安乐公主及其党羽。相王李旦在儿子李隆基和妹妹太平公主的支持下,恢复帝位,立三子李隆基为太子。景云元年(710)六月,拜姚崇为兵部尚书、同中书门下三品,姚崇第二次当了宰相。

三度为相 兴利除弊

睿宗李旦登基之后,却依然没有完全摆脱受制于人的情况,这次干预朝政的却是武则天的亲生女儿、睿宗的妹妹太平公主。她也想走其母武则天的道路。为了预防太平公主发动政变,威胁到太子的地位,姚崇和宋璟联名上奏,建议将太平公主安置在东都洛阳,其余掌握兵权的诸王派往各州当刺史。谁知单纯而昏庸的睿宗竟将姚、宋的想法毫不隐瞒地告诉了太平公主,太平公主大怒,李隆基也慌了手脚。为稳住太平公主以防突发事件,李隆基指控姚崇等挑拨皇上兄妹关系,应加严惩。于是,姚崇被贬为申州刺史,后又任扬州刺史、淮南按察史。在地方官任上，姚崇为官清廉公正，颇受百姓爱戴。

这一切都被英明神武的玄宗看在眼里。因此，唐玄宗李隆基继位后，决定再次起用姚崇为相。先天二年(713)，玄宗在新来驿讲武期间，秘密召见了姚崇，并听取了他对目前时事朝政的看法及建议。姚崇针对武则天以来的弊政和历史教训，提出十条挽救政治衰败的革新主张。玄宗听后，精神为之大振。他对姚崇的这些主张一一采纳，并且当时就拜其为兵部尚书、同中书门下三品。

姚崇第三次出任宰相，得到了玄宗的充分信任。借此机会，他实施了一系列改革。

姚崇从整顿吏治入手。自武后统治以来，皇亲国戚多居省以上要职，各个封王又多掌握朝中禁军，手握兵权。为了争权夺利，他们勾结朝官，迭相为乱，一时间，政治被他们整得混乱不堪，政局动荡不安。短短的八、九年间，接连发生了五次政变。为了防止这种情况下的发生，姚崇协助玄宗，于开元二年将诸王改任外州刺史，并规定诸王"不任以职事"，"到官但领大纲，自余州务，皆委上佐主之。"这样，诸王便等于只享有尊荣，即地位与利益，但没有了兵权，从而亦失去了犯上作乱、胡乱征伐的基础。

姚崇还规谏唐玄宗，"戚属不任台省"。所以，开元初没有大封戚属。王皇后之父王仁皎，仅历任将作大监、太仆卿等职，史称"仁皎不预朝政"。姚崇还设法抑制功臣的权势，把一些官高势盛、居功自傲的功臣贬到地方做州刺史。这些措施如同釜底抽薪一样，消除了中央政局动乱的隐患，结束了多年来动荡不安的局面，使得社会经济发展，百姓安居乐业，因此，姚崇被人们称为"救时之相"。

在任用人才方面，姚崇要求德才并重。他推荐的广州都督宋璟，刚正不阿，为官清廉，是唐代的四大贤相之一。姚崇大力整顿吏治，严格诠选制度，罢免了以前的"斜封官"。因其由皇帝直接颁下敕书，用斜封交付中书省执行，故称为"斜封官"。

任人唯贤、量材录用，是姚崇吏治的主要做法。开元二年，申王李成义未经有关部门，私自奏请玄宗，把府中的阎楚珪由录事提拔为参军，这次授官属于私自请托，并没有经过吏部的审核。因此，虽然玄宗已表示同意，但姚崇上疏反对。他说："臣窃以量材授官，当归有司，若缘亲故之恩，得以官爵为惠，踵习近事，实紊纪纲"。由于姚崇据理力争，玄宗才收回敕命。

抑佛灭蝗　辞相病终

唐代时期，佛道两教极为盛行。上自皇帝、皇后，达官贵人，下至豪绅富户，都利用宗教捞好处。特别是武则天统治以后，每年花在建佛寺、道观上的钱财就不计其数。同时，建造这些建筑又占用大量土地，无形之中霸占了许多耕地。而由于这些寺院享有特权，不向国家交纳赋税和服役。所以，许多无业流民都纷纷出家为僧，成为了不用纳税的被供养者。由于"度人为僧无穷，免租庸者达数十万"，造成国家财政日益枯竭。开元二年（714），姚崇上疏玄宗，请求裁减和尚。他说："但使苍生安乐，即是福身，何用妄度奸人，使坏正法。历史事实说明，只知信佛，最后身死国亡。"玄宗采纳了这一建议，下令裁僧尼3万人，令他们还俗从事生产。玄宗还下令，禁止百官和僧尼道士往来，禁止铸造佛像，传写经书，禁止建造佛寺。修缮佛寺，也要报请批准。这些措施的实施使得耕地免被肆意占用，生产劳动的人员也有所增加，在一定程度上推动了农业的发展，增加了国家财政收入，具有良好的作用。

开元三年，一场天灾给山东（今太行山以东地区）人民带来了巨大的灾难。漫天飞舞的蝗虫犹如洪水猛兽吞噬了大片的庄稼青苗，甚至连田头的草木都不放过。当时，人们认为这是"天灾"，奈何不得，怕捕杀蝗虫会招致更大的灾祸，只能整日焚香祷告，祈求老天开恩。满朝文武也是一筹莫展。这时，姚崇又勇敢地站了出来。他建议派出御史分道杀蝗，并且提出了捕杀蝗虫的好办法。没想到，他的建议竟引起了朝廷和地方官的一片反对，他们一致认为此非人力可为，就连玄宗也是举棋不定。姚崇以历史上曾出现的两次蝗灾为例，说明灭蝗"事系安危",必须马上动手。那些反对者又提出种种问题借以刁难、推辞。姚崇反驳说:"如今蝗虫布满山东,黄河南北的百姓都流亡他方,咱们哪能坐视不救呢?即使一下子除不尽,也比让它成灾强。再说,只要大家齐心协力,一定会战胜天灾!"他向玄宗保证除蝗一定成功,否则,甘愿一人承担责任,丢官弃爵也在所不惜。一番肺腑忠言,一身凛然正气,终于使玄宗坚定了决心,下令:"灭蝗的事,我已决定,再敢说三道四者处以死刑。"

一场人类与自然的"捕蝗之战"拉开了。姚崇为那些特派御史起名为"捕蝗使",命其分赴各地,促令灭蝗。这些使者还带去了姚崇捕杀蝗虫的巧妙方法:利用蝗虫喜光的特点,晚上他们在地边点火堆,火堆旁挖坑,将招引过来的蝗虫捕捉后边烧边埋。山东大地那段时间出现奇景,晚上经常火光通明,浓烟弥漫,还夹杂人们喜悦的欢呼声。在人们的奋力捕杀之下,一场灾难,就这样免除了。

开元四年(716),姚崇辞去宰相职务,被授于开府仪同之司,但有关军国大事,玄宗还是常常听取他的看法及意见。开元五年(717)春,玄宗即将巡幸东都洛阳,太庙突然倒塌。玄宗询问身边大臣,大臣回答说:"陛下服丧未满三年,巡幸东都不合天意。"因为睿宗是开元四年病死的。玄宗召姚崇询问此事,姚崇回答说:"太庙大殿乃前秦符坚所建,年久失修,木质腐朽,皆是自然之事,倒塌即是情理之中。陛下不必为之烦心。但倒塌之日与行期相合,只是巧遇。"姚崇劝玄宗,巡幸东都已准备就绪,不可误期,太庙修复重建就可,玄宗听从了姚崇的意见。

开元九年(721)九月,姚崇病逝,终年72岁。

宋　　璟

宋璟(663 — 737)，唐睿宗、玄宗朝宰相，是与房玄龄、杜如晦、姚崇齐名的唐代四大名相之一。邢州南和(今属河北)人。先后两度出任宰相，宋璟为相，刚正不阿，直言敢谏，又精于吏治，是唐代的中兴名相，辅佐唐玄宗开创了"开元之治"的繁荣局面。

刚正不阿　勇斗奸佞

宋璟自幼勤勉好学，爱好广泛，所以小小年纪，便已博览群书，善于文辞。20岁左右因科举入仕，授上党尉，后又升任监察御史、凤阁舍人。为官正直，颇受武则天的赏识。

当时，武则天宠幸张易之、张昌宗兄弟，因此，这二人便有恃无恐，肆意横行。武则天长安三年(703)，张易之为诬陷宰相魏元忠，贿赂了凤阁舍人张说作伪证。同为凤阁舍人的宋璟知道了此事，极力劝说张说，千万不可为图个人利益而屈服于奸邪势力，陷好人于不义。并允诺倘有不测之祸，将和张说一起去死。张说如实上奏，使魏元忠免受陷害。

不久，宋璟调任御史中丞。这时武则天年事已高，张易之、张昌宗兄弟更加飞扬跋扈。但宋璟对其却更加蔑视、不屑。张氏兄弟几次三番欲讨好宋璟,无奈却被宋璟严词驳回,使得二人对宋璟怀恨在心。此后又多次中伤于他,但因武则天深知其情,宋璟才得以免祸。

长安四年(704),二张因武则天病情加重,深以为虑,暗中密谋对策。这时有人发觉二张有异谋,告发二张谋反,但武则天不信,也不追问,这时,许州杨元嗣告发说,张昌宗曾令术士李弘泰看相,李弘泰说他有天子相,还劝他在定州建造佛寺,使天下归心。因为涉及谋反大事,这次武则天派凤阁侍郎韦承庆、司刑卿崔神庆和御史中丞查明上报。韦、崔二人惧怕二张的权势,便为张昌宗开脱,说张昌宗已将李弘泰的话告诉皇上,不可加罪。宋璟质问说:"易之等事露自陈,情在难恕,且谋反大逆,无容首免。应收入牢狱,详加追问,以明国法。"他还对武则天说:"易之等久蒙驱使,分外承恩,臣必知言出祸从,然义激于心,虽死不恨。"武则天听后非常不悦,眼看就要将宋璟给问罪了,宰相杨再思急忙把宋璟拉了出去。宋璟说:"圣主在此,不烦宰相擅宣敕命!"宋璟始终不放过二张,坚持要将张氏兄弟查办,以惩国法。于是,武则天只得收张易之、张昌宗入狱。

但没过几天,武则天又将他们特赦放出。为了缓和矛盾,武则天

宋　璟

令张氏兄弟到宋璟家谢罪,宋璟拒不会见,说"公事当公言之,若私见,则法无私也"。他对二张恨得咬牙切齿,对左右的人说:"不先击小子脑袋,负此恨矣!"

宋璟对二张的斗争关系到国家的法律、法规,因为谋逆之罪,非同小可。所以,朝中大臣也一致联合起来要将张氏兄弟交有司查办。左拾遗李邕上奏武则天,说宋璟所奏,非谋自身私利,而在安定国家,但武则天偏偏就是要维护这张氏兄弟,不听任何大臣的劝谏。后来,为了避免矛盾,武则天派宋璟到扬州当按察,宋璟说:"审理州县案件,是监察御史的职责。"后又诏令宋璟按察幽州都督屈突仲翔。宋璟又拜辞说,"御史中丞非大事不得出京。仲翔犯的是贪赃罪,要臣前去,必有害臣之心。"随后,又下诏为李峤副使,出使陇蜀。宋璟又辞掉这个差使,说:"陇右没有变故,臣以御史中丞为李峤之副,朝廷还无先例。"为惩二张罪,宋璟三次违诏,不肯奉诏前行。本来,张易之兄弟想借宋璟出京的机会,向武则天弹劾,将其斩草除根、永绝后患。此计不成,他们又生一计,准备在宋家举办婚事时,趁人多眼杂之际将其刺杀。宋璟知道了阴谋,就乘坐破车躲到别处歇宿,刺杀的阴谋也以失败而告终。

中宗李显复位后,宋璟任吏部尚书兼谏议大夫、内供奉,不久又改任黄门侍郎。然而中宗昏聩无能,朝政大权完全掌握在皇后韦氏和武三思手中。

神龙二年,京兆人韦月将因实在看不惯武三思与韦后私通，祸乱朝纲，便上书中宗，告发武三思"潜通宫掖，必为逆乱"。武三思闻知后，暗使手下人诬陷韦月将大逆不道。此时的中宗早已不辨是非，武三思说什么便是什么，因而特令处斩韦月将。宋璟请求查证之后再加定罪。中宗不听，宋璟抗言说："请陛下先将臣斩首，不然不能奉诏。"中宗无奈，才免韦月将死刑，发配岭南。后来又将他处死。不久，宋璟被排挤出了朝廷。武三思还利用手中的权力，将宋璟调到杭州、扬州做刺史，后又迁任洛州刺史。

当时，韦后、武三思相互勾结，权倾朝野。为实现自己的政治目的，扫除政治之路的障碍，韦、武二人企图废掉太子李重俊。但后来武三思却被太子李重俊杀死。景龙四年(710)，韦后毒死中宗，企图效法武则天做女皇。中宗之弟李旦的儿子李隆基联合武则天的小女儿太平公主发动政变，杀死韦后和安乐公主。睿宗李旦复位。

革除弊政　犯言直谏

睿宗复位后，宋璟为检校吏部尚书、同中书门下三品，成为宰相。他和姚崇同朝为臣，二人同心协力，为改变从中宗以来所积留的弊政而努力。

中宗时期，外戚和诸公主干预朝政，吏治腐败，贪污成风。当时有一种授官形式称"斜封官"，即只要出钱30万，不论何人都可以为官，并且不经中书、门下批准,直接由皇帝降墨敕授予。这无异于助长恶风恶习,由于这些斜封官大都是富豪商贾,有的斗大的字都不识,只知对百姓肆意搜刮、施虐。一时间,民怨四起。姚崇和宋璟上疏睿宗,请求罢免斜封官,进忠良,退不肖,共罢免斜封官数千人,纲纪为之一振。同时,宋璟还从整顿制度着手,恢复三铨制度,在候选的上万人中,诠选了2000人。其选拔、考核官员,不畏地位高低,不论交情亲疏,唯贤是举,赏罚公平,时人以为有贞观遗风。

后来,因为太平公主欲夺权谋反,宋璟被罢相贬为楚州刺史,后调动极其频繁,最后转任广州都督、五府经略使。宋璟依旧严格执法,公正无私,使治下的吏民无不信服。然而对当地的百姓却是充满人情味的:他将违法乱纪的豪强和官吏绳之以法,就是为了让百姓能安居乐业;制定一系列切实得体的利民措施,将砖瓦结构的建筑引进广州,教百姓烧砖瓦、盖房子,使得原来由竹舍茅屋引发的火灾大幅度减少。民众为感激他的恩德,特地还为其立了"遗爱碑"。

延和二年(712),睿宗传位给太子李隆基,是为玄宗。唐玄宗决心革除弊政,使国家快速地复兴起来。开元之初,唐玄宗任用姚崇为宰相,整顿吏治,开创了开元之治的繁荣局面。姚崇辞去宰相后,唐玄宗又采纳姚崇的建议,任命宋璟做宰相。

宋璟为宰相期间,不仅能够选贤任能,更能量才用人、人尽其才。他注意到括州员外司马李邕、仪州司马郑勉，有才略，有文采，但思想和性格上有不少毛病，宋璟感到"若全引进，则咎悔必至，若长弃捐，则才用可惜"。于是，根据各人的特点，分别拜任渝州刺史和硖州刺史。大理卿元行冲在人们的心目中才行兼备，但上任之后，却发现并不称职，于是调其为左散骑常侍。

宋璟选拔官吏，大公无私，对人对己无一例外，即使是自己的亲属也不例外。他有个堂叔叫宋元超，在吏部选拔官吏时，特别说明自己是宰相宋璟的叔父，实际上是想借宋璟的名声得到一官半职。宋璟知道后，特别给吏部交待，说宋元超既表明了他和自己的关系，就更不能予以任用。宋璟的用人，不论皇亲国戚，一视同仁。岐山县令王仁琛，是玄宗称帝前的藩邸故吏。唐玄宗特降墨敕令授五品官，宋璟上疏以为不可，请求由吏部考核，按制度办事。玄宗只得听从宋璟的意见，收回成命。

宋璟为人耿直，做宰相时，因为敢于犯颜直谏，唐玄宗很敬畏他，对于他的意见，亦是常常听从。开元五年(717)，宋璟随同玄宗巡幸东都，路过崤谷(今河南陕县)，山高路窄，难以行走。玄宗十分恼怒，要罢免河南尹李朝隐和负责旅途事务的知顿使王怡。宋璟进谏说："陛下方事巡幸，今以此罪二臣，臣恐将来民受其弊"。玄宗听后自觉理亏，遂免去了二人之罪。

也许是由于社会经济的发展及政治的宽松，人民的生活也比较富足，所以社会风气趋向奢华，讲求厚葬。王皇后的父亲去世，请求建造高五丈二尺的坟墓，玄宗答应了。宋璟和同朝宰相苏颋上疏玄宗，指出厚葬和薄葬是俭与奢的大事。玄宗完全接受了宋璟的劝谏，还特意赏给宋璟、苏颋彩绢400匹。

开元八年(720)正月，由于民间私造的恶钱质量低劣，它的流行导致贫者日贫富者日富。宋璟和苏颋奏请皇帝下令禁止恶钱的铸造。这一举措伤害了铸钱富豪的利益，引起了他们的不满。于是，唐玄宗只得将宋、苏二人罢相以缓和矛盾。宋璟任开府仪同三司，不再握有实权。

宋璟罢相后，仍然刚正不阿，不畏豪强，敢于犯谏，忠直不改。开元十二年(724)，玄宗东巡泰山，宋璟留守京师。玄宗出发时对宋璟说："卿是国家元老，为朕之股肱耳目。现在将分别一段时日，有什么话要嘱咐朕的吗？"宋璟一一直言相告。玄宗并将宋璟"所进之言，书之座右，出入观省，以诫终身"。

开元二十年(732)，宋璟因年老体弱，请求辞职。开元二十五年(737)，宋璟去世，享年75岁。赠太尉，谥"文贞"。

寇 准

寇准(961 — 1023),北宋太宗朝任副相,真宗朝任宰相。字平仲。华州下邽(今陕西渭南东北)人。其父寇相曾封三国公。寇准一生胸怀大志,却屡进屡退。他为官清正廉明,政绩卓著,性情豪爽,喜爱歌舞,有"寇莱公,柘枝颠"之称。

心在从戎 科举高第

寇准,华州下邽(今陕西渭南北)人,北宋建立后的第二年,即建隆二年(961)生于大名府。他一生下来就显得与众不同:他的两耳垂生有肉环,好几年之后才合上。为此,许多人都怀疑他前世可能是僧人,同时他本人亦好游佛寺,经常与僧人往来。

寇准的父亲寇湘博古嗜学,以文章出名,早在后晋开运年间就高中进士。这在五代那个重武轻文的时代,是非常了不起的,能够考中进士的读书人每年只有十几人。所以,可谓是名闻乡里。不过寇准少年时显然并不像他的父亲那样嗜学,那时的他比较贪玩,喜欢与朋友们一起结伴出游,虚度时日,直到有一件事情发生。有一天,寇准严厉的母亲再也忍受不了儿子的放荡,抓起身边的秤锤打向寇准,结果重重地击中寇准的脚部,鲜

寇准

血顿时涌出。正是从这一次事件之后,寇准开始折节向学。寇准后来富贵,一看到脚部的伤疤,想起去世的母亲,便忍不住失声痛哭。那时,寇准心中的楷模是投笔从戎、立功异域的班超。屈事文墨非其本意,他更看不起有些人为了求取功名利禄,而专做一些讨好皇帝、歌功颂德的文章。

太平兴国五年(980),19岁的寇准首次参加进士科考试,不仅考中进士甲科,同时亦取得了参加宋太宗殿试的资格。据说:当时太宗喜欢老成持重的中年人,年纪太轻的考生往往不被录取,在亲临殿试考试的时候,因此曾有人劝寇准虚报年龄,寇准正色回答道:"寇准刚刚开始进取,怎么能欺骗圣上呢?"如实申报,结果寇准一举高中被授为大理寺评事,实任大名府成安县知府。寇准这一榜共取了121人,其中有好多人后来都成为一时名臣,宰相就出了好几位,因而后人称这一榜进士为"龙虎榜"。

渐入仕途　屡有功绩

太平兴国六年(981),寇准任归州巴东(今四川奉节县东)知县。初到巴东之时,人们对这个看起来年纪轻轻，一脸稚气的县官都不怎么信任。可是不久，人们就发现原来自己错了，这个新知县不仅不傻，反而很有才干。当时许多地方官，常常巧立名目，随意摊派，有时遇到赋役，就胡乱签发文书，不管农忙农闲，催逼四乡农民赶紧服役，百姓叫苦连天。寇准却有自己独特的方法，他根据各乡的具体情况，在需要农民服役的时候，只把各乡应服役的人数贴在县衙门前，农民看了，自会根据各乡实际情况派人来服役。这样不仅不会误了农事，也不会违抗朝廷的意旨，人们对此拍手称赞。

后来，寇准转任了好几个地方的地方官，所到之处，百姓都夹道相迎。由于政绩卓著，短短几年屡屡升迁。没多久，寇准就被提拔到中央朝廷任职。他先后担任过三司度支推官、盐铁判官、同知枢密院事、参知政事等重要官职。任同知枢密院事时，他年仅31岁，此官是一个相当于副宰相的军职。

一次，寇准上朝奏事，寇准说话不称皇帝的心意，太宗大怒，拂衣而起，准备退朝。但寇准却毫不心慌，平心静气地扯住太宗的衣角，一定要他坐下听完陈述，最后终于说服了太宗。太宗息怒以后，细细思量寇准的忠直言行，顿时觉得钦佩不已。后来，他对群臣说："我得到寇准，就像唐太宗得到魏徵一样。"

寇准不畏权贵，直言极谏，很受太宗的赏识，亦为此而深受太宗的信任。同时，也引起一帮人的嫉妒。知枢密院事张逊多次在朝中与寇准争论政事，二人关系非常紧张。张逊一直想寻个时机惩治一下寇准,可惜机会难觅,谁让寇准为人正直,且廉洁奉公呢?一次,寇准出行时,一个疯子迎着他的坐骑直呼万岁,张逊听说后,立刻觉得此乃天赐良机,不容错失,以谋反罪弹劾寇准。寇准气愤至极,在朝廷中和张逊发生了激烈的争执,二人唇枪舌剑,后来居然互相指责对方的缺点,进行人身攻击。太宗大怒,怒斥了心胸狭小的张逊,寇准也被罢为青州知州。

太宗晚年身体欠佳,朝中有人劝他早立太子,他却勃然大怒,把上奏之人贬到岭南。实际上,太宗一直在为立太子之事而烦心不已,主要原因是太宗儿子虽多,但品学兼优、德才兼备的却无几人,况且身边又没有一个可以完全信得过,并可以托付大事的肱股之臣,所以立太子之事一直悬而未决。寇准从青州被召回身边后,太宗觉得这位耿直果敢的年轻大臣对大宋王朝一片赤心,是最可信赖的,他就把寇准叫到身边,询问他立储之事。寇准说:"陛下为天下选择君主,这样重大的事,不能跟妇人、宦官商量,也不能跟近臣商量,只能由您挑选一个最受天下人敬仰的人。"太宗听罢,低头想了很久,然后屏退左右对寇准说:"立襄王元侃怎么样?"寇准以"知子莫若父"的说法委婉地表达了自己的看法。淳化元年(994)九月,寇准拜为参知政事,任襄王元侃为开封府尹,改封寿王,立为皇太子。太子到太庙拜谒祖先回来,京城的百姓都聚集在道路上观看,十分高兴,对年轻的太子称赞不已。太宗听说后心里不太高兴,马上召见寇准,对他说:"人心怎么变得这么快,那将我摆在什么地方呢?"寇准却祝贺道:"这正是国家社稷的福分啊!"太宗听后恍然大悟,高兴地邀请寇准陪他痛饮几杯,结果喝了个酩酊大醉。

宋太宗至道三年(997),太宗驾崩,宋真宗继位。在此之前,寇准又因在朝廷上和大臣们争得面红耳赤而触怒了太宗,被贬往邓州做知州。

力主伐辽 澶渊之盟

宋真宗赵恒即位后,寇准被调入京,任工部侍郎。盛平六年(1003),迁兵部,为三司使。景德元年(1004)为知事参政,后来宰相毕士安又以"忠诚可嘉,资历深厚,善断大事"为由向真宗举荐寇准为相,八月,寇准被任命为宰相,与毕士安同朝辅政,二人志同道合,互相弥补。每次寇准因刚正不阿、嫉恶如仇的性格而遭奸佞小人诬陷时,毕士安便挺身而出,极力辩护,才得以免受宋真宗怀疑。二人携手忘身为国,打击奸邪,使朝政相安无事。

这一期间,北方契丹族建立了辽政权,并时常对大宋边境进行骚扰,当地百姓苦不堪言,朝廷亦为此头痛不已。

景德元年(1004)十一月,辽国萧太后、辽圣宗亲自率领20万辽军,进犯贝(今河北清河)、魏(今河北大名)诸州,包围了瀛州(今河北河间),兵锋直指黄河北岸的澶州(今河南濮阳),直逼京城汴京。告急文书传到京城,朝野上下惊惶恐惧。很多人主张朝廷南迁避敌,然寇准极力反对,他认为天子南迁避难,必定会引起前方军心不稳,一旦军心动摇,此战必败,到时后果不堪设想。因此他力主天子御驾亲征。十二月,真宗在寇准等大臣的陪同下,率大军北上伐辽。到达澶州北城后,真宗登上城楼检阅河北军民。边疆将士和百姓望见御盖踊跃欢呼,无不精神大振,一鼓作气击退辽军,杀死辽国的大将萧达览,重挫辽军锐气,宋军备受鼓舞。

由于孤军深入,粮草供给不继,再加之战场上节节失利,使得萧太后不敢久陷中原战场。景德元年十二月,在她与大丞相耶律隆运商议后,秘密派使臣来澶州北城,准备议和。宋真宗本来就想速速结束这场战争,议和正是他求之不得的事情。他对辽方提出的土地要求给予回绝,但同意纳币。然而寇准不仅反对议和,而且还主张乘胜追击。但宋真宗却坚持议和,于是派亲信曹利用出使辽营,并授意只要辽方退兵,每年可赠百万金银布帛。寇准万般无奈,只能同意讲和,他把曹利用召至帐下,严厉地叮嘱他说:"虽然皇上说赠百万,但你去交涉,所谈银两不得超过30万;否则,回来后我砍你的头!"曹利用不敢违背,到辽营严辞力争,最后以每年交给辽国银10万两、绢20万匹的条件成约而还,双方约为兄弟盟国,辽国撤兵北归。这就是历史上著名的"澶渊之盟"。

宦海沉浮　客死他乡

击退辽国,促成澶渊之盟的伟大胜利,寇准之功,首屈一指,有时就连他自己也不免有些飘飘然了。在澶渊主持军事的时候,寇准有时候会违反真宗旨意,为此他向真宗解释说:"如果我当时尽遵圣旨,和议之事又怎能如此速成呢。"甚至就连真宗自己也对寇准是另眼相看,经常在退朝的时候还要目送寇准离去。这一切都使朝中的奸佞小人怀恨在心。特别是佞臣王钦若,在劝真宗避难金陵遭寇准痛斥后,他一直对寇准心存忌恨。

景德三年(1006)的一天,真宗会见文武百官。朝散寇准先行退班,在真宗目送寇准离去后,王钦若进言道:"陛下如此敬重寇准,是因为他有安定社稷的功劳吗?"真宗回答道:"是啊。"王钦若道:"澶渊之役,陛下不以为耻,反谓寇准有社稷功,臣实在没想到陛下会这样想。"真宗大为惊愕,王钦若继续说道:"城下之盟,即使春秋时期的小国都耻而不为,现在陛下以万乘之尊而为澶渊城下之盟,还有比这个

宋真宗赵恒

更令人感到耻辱的吗！"这一句说得真宗脸色大变，现出羞怒之色。王钦若又继续火上浇油地说道："陛下听说过赌钱吧，赌徒要输光的时候，就会尽其所有下注，这叫做孤注。陛下您就是寇准的孤注啊。这可是很危险的，他哪里有什么爱君之心啊。"真宗当初本来就对亲征不满，现在听王钦若这一说越想越觉得有道理，从此之后就越来越疏远寇准了。

寇准在用人方面，一向只注重才德，只要是人才，他都能做到不拘一格。一次在除授官员的时候，同僚就让吏员拿官吏名册来，打算依次晋升。寇准道："宰相就是要进贤退不肖，如果按照例簿授官，那还要宰相干什么。"寇准的这种做法不是没有道理，但真宗却认为寇准这是在以公谋私，拿国家的官爵为自己收买名声，于是在景德三年二月罢免了寇准的宰相职务，出知陕州。

在罢相 8 年后，大中祥符七年（1014）六月，枢密使王钦若、陈尧叟终因罪恶昭彰被罢免。寇准得到王旦的推荐，再入京师，做了枢密使。然而寇准因为与中书、枢密院、三司等三大机构统统合不来，即使宰相王旦极力宽容寇准平日对自己的挑剔、顶撞，但这一次他也无能为力。所以，在大中祥符八年（1015）四月，寇准在担任了 10 个月的枢密使之后被罢免，出外做了地方官。4 年之后，寇准东山再起，而这一次靠的是进天书。

天禧三年三月，寇准上奏自己的属下在乾佑山中发现天书。关于这件事史料记载的是：寇准原本不愿意上奏，但得到了来自上头的指示，因为寇准的威望高，他上奏，可信度就高了，这就好像当初真宗要借助于王旦的威望才能够顺利地举行天书封禅之事一样。也有的记载说是寇准本就有东山再起之意，苦于没有门径，所谓的天书发现之后，寇准就将它奏进，作为重新入相的台阶。但不论怎样，现在我们可以确定的是寇准明知天书是伪造的，还是奏进了，然后也的确凭借这次奏进天书得以再次入相。

寇准这次做宰相，他的副手是丁谓。丁谓是助成真宗天书封禅的重要人物之一。丁谓因为寇准的推荐而渐渐得到重用，因此一直对寇准充满敬意，并心怀感恩。有一次宰辅们聚餐，寇准的胡须上沾上了菜汤，丁谓看到后，就站起来很仔细地给寇准擦干净。寇准笑道："参政（副宰相）是国家大臣，怎么能为长官拂须呢？"话中的意思就是说丁谓溜须拍马。此言一出，丁谓给弄得当场下不了台，从此对寇准怀恨在心。

天僖四年（1020），宋真宗得了风疾，刘皇后把持朝政。丁谓、曹利用一派趁机依附刘氏，并结纳翰林学士钱惟演为朋党，气焰嚣张。寇准为此深感担忧，劝真宗传位太子，并选正直振奋之臣辅佐朝政，同时罢免丁谓等人。岂料事情泄露，刘皇后先行动手，在宋真宗面前诬告寇准要挟太子夺朝廷大权，真宗罢免寇准宰相职务，降为太子太傅，封莱国公。此后，丁谓等人又多次栽赃诬陷，真宗又把寇准逐出京城，贬为相州知州。丁谓又擅自做主,将寇准迁为道州司马,后一贬再贬,于乾兴元年(1022)放逐到雷州任司户参军。

被远放于南国边境的寇准,举目无亲,人生地疏,连一个住的地方都没有。但寇准早已威名远播,当地百姓敬他功高德厚,都以自己的房屋相让。但可恶的丁谓却不放弃对寇准的打击报复,不仅派人毁其居舍,还严惩了这些善良的百姓。从此寇准无房无舍,只好带家眷搬到荒郊野外的天宁寺,生活贫寒凄清。同年七月,丁谓因故被贬崖州,寇准才又迁回郡城桂花坊居住。由于身心受到极大摧残,寇准病倒在寓所中。天圣元年(1023),63岁的寇准在雷州去世。

范 仲 淹

范仲淹(989 — 1052),北宋仁宗朝宰相。字希文。祖先是邠州(今陕西彬县)人,后迁到江苏吴县(今属江苏)定居。范仲淹一生刚毅清白,不畏权贵,并以杰出的政治、军事才能,为北宋改革弊政、维护国家的完整、统一作出了巨大贡献。他的诗文忧国忧民,多为咏物言志的作品,表现了他的政治追求。

不计得失 以国为重

端拱二年(989),范仲淹出生在徐州,父亲范墉在宋太宗端拱初年作过武宁军(今徐州)节度掌书记。范仲淹两岁时父亲去世,家境便开始衰落,以至无法维持生活,母亲谢氏不得不带着范仲淹改嫁到淄州长山(今山东邹平县)姓朱的家里。从此,范仲淹改名朱说。

范仲淹

范仲淹自小就勤奋好学,颇有抱负。21岁时求学于淄州长白山麓醴泉寺,寒寺孤身,条件非常艰苦,每天以粥和咸菜度日,把所有的时间和精力全用在读书上,学业进步很快。23岁时,得知现任的父亲不是自己的生父,原来是母亲当年为生活所迫改嫁到了朱家,所以,毅然辞别母亲,离开朱家,去南京(今河南商丘)应天府书院求学。

应天府书院是当时最著名的书院之一,学习气氛非常浓厚。范仲淹进入书院以后,不分昼夜地刻苦攻读。有一次真宗朝拜亳州太清宫时路过南京,同学们都争着出去看皇帝,而范仲淹不为所动,仍然全神贯注地闭门读书。在书院读书时,由于范仲淹的生活特别艰苦,所以只能以粥度日,他的一位同学深表同情,给他带来一些好的饭菜,他却婉言谢绝,说自己安于食粥已很久了,今天享受这样的丰盛饭菜,就怕以后吃不下粥了。范仲淹忍受着别人不能忍受的穷苦生活,以读书作为最高的乐趣。经过5年的寒窗苦读,范仲淹已经是饱读诗书、精通六经、善诗能文,有志于匡正天下的的报国栋梁。

大中祥符八年(1015),范仲淹27岁,他以其渊博的学识,一举及第。授广德军司理参军,从此范仲淹开始走上仕途。不久改任为集庆军节度推官。做官之后,范仲淹将老母亲由朱家接出自己来赡养,同时又改回了自己的姓,取名范仲淹。

真宗天禧五年(1021),范仲淹又被调任泰州西溪镇盐仓合作盐税官,两年后,晋升为大理寺丞。这时,他因母亲病逝而离职服丧。第二年,晏殊主管应天府事务,听说范仲淹学识广博,便请他主持应天府堂学院。范仲淹在这里讲授艺文,很受欢迎,再加上他作风勤劳恭谨,在当时很有威望,因此四方求学之士纷纷而至。天圣六年(1028),晏殊又推荐他为秘阁校理,荣任馆职。

乾兴元年(1022)真宗去世,仁宗即位,因年幼不能处理朝政,便由刘太后垂帘决事,独揽大权。到了天圣七年(1029),仁宗已经20岁了,完全具备了亲政的能力,但刘太后却依然没有还政的意思,并且还准备在这一年的61岁寿辰接受朝拜大礼时,由仁宗亲率文武百官为刘太后上寿。对此,范仲淹专门给仁宗上疏,表达他自己对于这件事的看法,他说:皇帝在宫中事亲,行家人礼可以;但在朝廷上,皇帝率领百官朝拜太后,不仅有损君主的威严,而且还有害于国君的体面,确实是不妥当。范仲淹坚持维护皇帝至高无上的地位,反对刘太后唯我至尊,独揽大权。因此他又上书奏请皇太后撤帘还政于仁宗。

仁宗明道二年(1033),刘太后死去,范仲淹被召回京担任了右司谏。

仁宗亲政后,吕夷简继续为相,当时任右司谏的范仲淹对吕夷简擅权专事、玩弄权术、结朋党、排异己的做法就深为不满,在郭皇后的废立问题上就曾和吕夷简展开过斗争。吕夷简因与郭皇后有过私怨,便利用郭皇后失宠于仁宗的机会,积极怂恿仁宗废掉郭皇后。范仲淹上疏认为不能这样做,但废后一事已成定议,吕夷简并命令下属不得接受有关此事的奏疏,范仲淹见状便率领御史和谏官到垂拱殿门前,伏奏皇后不当废。第二日又和吕夷简发生了激烈的争论。然而，就在范仲淹等人到待漏院时，皇帝就传下诏旨，贬范仲淹知睦州。

景祐二年(1035)，范仲淹被召回，任尚书礼部员外郎、天章阁待制。

吕夷简知道范仲淹这次还朝，必定还要对朝政进行谏议，便叫他去做权知开封府事。京城开封府是最难治理的地方，这样可使他事务缠身，无暇议论朝政，只要他一有失误，立即免职除官。但范仲淹到开封府后，整治有方，兴革有序，只用了个把月就把京城治理得井井有条。

吕夷简当宰相，重用和提拔的官员多是自己的亲信，因而吏治腐败而混乱。范仲淹对此深怀不满。景祐三年(1036)，范仲淹绘制了一幅《百官图》，进献给仁宗。图中指明京官晋升情况，哪些朝官是按规定正当晋升的，哪些是不合规定以私人关系提升的，认为此情不可不察！范仲淹还提出：对于皇帝身边的近臣，无论是提拔还是斥退，凡是超过制度规定的，不宜全部委托宰相。并说，恐怕今日朝中有坏陛下家法的人，不可不早办。范仲淹的揭露这样无情，使吕夷简大为恼恨，便向仁宗控告范仲淹越职言事、荐引朋党、离间君臣。范仲淹对吕夷简加给他的罪名，虽然据理力辩，但仁宗还是偏听了吕夷简的诬蔑，把范仲淹贬出知饶州。然而范仲淹的才干和胆识却深得朝中一些大臣的赞赏，因此范仲淹这次被贬，在朝中引起了强烈反响。密书丞余靖、太子中允尹洙、馆阁校勘欧阳修等都纷纷挺身而出,为其鸣不平。亲朋好友这次在郊外为他饯行时祝贺道:"此行特别光荣。"范仲淹笑回答说:"仲淹前后已经光荣三次了。"以后他又徙知润州、越州。

明道二年(1033),江南路、淮南路和东京路的许多地区发生了严重虫灾和旱灾,范仲淹奏请朝廷,要求给各地派使臣去视察灾情,以便解决随时发生的问题。但朝廷许久没有答复。范仲淹对朝廷这种置百姓生死于不顾的行为极为愤慨,他质问道:"宫中如果有半天吃不上饭,陛下会作何感想?如今几个州县没有饭吃,怎么可以置之不理!"这几句话触动了仁宗,便派范仲淹到灾区去治理灾情。范仲淹所到之处,开仓赈济灾民,使那些因灾荒而流离失所,朝不保夕的百姓得以生存,并开始有信心战胜这场自然灾害。同时,为了使民生快速地恢复,他还奏请朝廷减免灾区一部分赋税。他回到朝廷时,把饥民所食的乌味草进献给仁宗,使仁宗体察民间疾苦,力戒奢侈之心。

守备边疆 巩固边防

仁宗宝元元年(1038)十月,西夏党项族首领元昊自立称帝,国号大夏,这表明了西夏党项族与大宋之间臣属关系的完全破裂,夏、宋之间的关系骤然紧张。宋朝大多数人认为对于元昊的突然称帝应给予征讨,亦有许多人认为此时不宜出兵,出兵取胜的希望也很小。但仁宗还是比较倾向于出兵的主张。宝元二年六月,仁宗下诏剥夺了元昊的官爵,断绝双方之间的贸易往来,并在边地张榜招募,允诺对能擒斩元昊的人将授与定难军节度使的官职。战事一触即发。

康定元年(1040)五月,仁宗任命韩琦与范仲淹同为陕西经略安抚副使,专门负责对夏作战事务。在战略思想上,范仲淹主张采取守势,使西夏军无可乘之机,在经济上不断削弱、在政治上逐渐瓦解,待条件成熟时,再行征讨。然而韩琦的策略却与范仲淹的截然相反。他认为长期坚守,极有可能丧失士气;长期防守也会给国家财政增加更大困难,因此认为应迅速进军,速战速决。朝廷经过多方商量,均支持主动出击,并于庆历元年(1041)正月,下令韩、范出兵。但范仲淹坚持前议,反对出兵。前来说服范仲淹的尹洙感叹说:"你这一点不如韩琦。韩琦曾经说过:'用兵先要将胜负置之度外!'"范仲淹反驳说:"大军一动,涉及成千上万人的性命,怎么能置之度外呢?"

庆历元年二月,韩琦得知元昊将出兵渭州,便决定全面出兵。谁知夏军以佯败的假象对宋军进行了引诱,导致宋军在六盘山下的好水川遭到夏军伏击,宋军惨败。韩琦被贬知秦州,范仲淹也因擅自与元昊通信劝其罢兵,并焚毁了西夏复信,被贬知耀州。不过经过这一战,朝廷及韩琦等人都知道范仲淹的战略思想才是正确的。庆历二年十月,朝廷再次任命范仲淹为环庆路都部署、经略安抚招讨使,掌握该路军事,并以韩琦、王沿、庞籍分掌秦凤路、泾原中、鄜延路军事,范仲淹从此得以充分施展军事才能。

范仲淹根据自己的战略思想和作战方针,采取了一系列重要措施。首先是修筑城寨,采取稳扎稳打、步步为营的战备。他先后修建了青涧、大顺等城,控制住了边塞的战略要地。其次是争取、团结羌族,从而削弱和孤立了西夏。范仲淹和他的部下经常深入羌民中间,扶贫济困,当西夏进犯时,又经常驱马相救。因此在羌人心目中,范仲淹享有很高威信,他们亲切地称他"龙图老子"(范仲淹当时的职衔是龙图直学士)。范仲淹还把选拔将校、训练士兵作为一个中心内容。为此在作战之余,他让部下努力地学习古今兵法,对勇敢善战的狄青,不但给予优厚的待遇,而且送给他一部《左氏春秋》,并告诉他:"大将不知古今,不过是匹夫之勇罢了。"从此狄青刻苦读书,对于秦汉以来的将帅兵术他了如指掌,最终成为北宋屡立战功的名将。

在战术上,范仲淹也尽量革除旧弊。原有的作战方式是:部署官带领10000人,钤辖带领5000人,都监带领3000人,出战时官小者在前。范仲淹认为:这种不考虑敌方人马数量按官职大小顺序而出战的方式极其呆板、机械,于是革除了这种迂腐的作战方式,而根据敌兵多少决定出击人数。这种战术机动灵活,非常有利于打击敌人。西夏将士害怕起来，相互警告："不要再攻延州了，现在的小范老子腹中有数千万兵甲，不比大范老子（范雍）可欺也。"范仲淹还提出了总的战略方针：对付西夏大股军队要坚壁清野、固守以待援兵；对付小股进犯的夏军则可主动出击。他请求朝廷要给将帅以"便宜从事"的权力，使其随时能够根据战况的变化而及时采取相应的战术，从而不致于贻误战机。

大量军队长期固守在西北边远之地，需要从内地远程运来大批粮草及物品，旅途艰难，耗费了大量的民力和财力，这已成为历来防守战略面临的最大问题。范仲淹吸取汉、唐兴屯田的历史经验，奏请仁宗在边塞屯田。仁宗同意了他的建议，诏令陕西四路部署及转运使并兼营田使，转运判官兼管勾营田事。

由于范仲淹在西北推行正确的战略方针和一系列有力措施，使得边防日益巩固。加上他与另一主将韩琦的空前团结，元昊不敢侵犯。西北边境流传着一首歌谣："军中有一韩，西贼闻之心胆寒。军中有一范，西贼闻之惊破胆。"范仲淹与韩琦名声大振，史称"名重一时，人心归之，朝廷倚以为重"。

庆历改革　推行新政

庆历三年四月，在西夏战事还没有完全结束的时候，统帅范仲淹、韩琦就被双双召回朝廷担任枢密副使。不久，谏官欧阳修、余靖、蔡襄等人奏称范仲淹有宰相之才，弹劾参知政事王举正懦弱无能，并请求用范仲淹取代王举正。七月，范仲淹被任命为参知政事。按照当时的官制，参知政事相当于副宰相，地位仅次宰相，亦属是宰辅之臣。

欧阳修

　　范仲淹入相时，对于改革而言，政治形势还是相当宽松的，韩琦、富弼为枢密副使，欧阳修、蔡襄、余靖、王素为谏官，他们都是改革的支持者与推动者，是革新的主力军。枢密使杜衍是革新派的同情者，宰相章得象和另一参知政事贾昌朝迫于形势也表示赞成改革。特别是仁宗，他对改革寄予厚望，希望能够通过改革摆脱困境，不仅解决目前的内忧外患的局面，更望达到富国强兵的目的。仁宗数次向范仲淹询问改革事宜，命令为范仲淹开放天章阁的大量档案以供参考，并召开中书和枢密院大臣会议商讨大政方针。

　　庆历三年九月范仲淹向仁宗进呈《答手诏条陈十事》。范仲淹提出的十事包括：一、明黜陟。改革磨勘制度，以政绩作为决定官员升降的标准；二、抑侥幸。限制官宦子弟凭借祖辈的功德而得到官衔的权力，取消高级官吏在乾元节（皇帝生日）享受升迁的旧例；

三、精贡举。改变教学内容和考试方法，选拔具有优秀品德和治国能力的人才。四、选择地方长官。由上级逐层推荐下级主管官吏的人选，最终根据推荐者的多少确定；五、均公田。按照级别给地方官分配职田，官吏的生活水平提高了，自然能够抑制贪污腐败之风；六、厚农桑。督导地方官加强农田水利建设，大力发展农业生产；七、修武备。实行府兵法，招募全国各地的壮丁协助正规军维持治安。规定府兵一年务农和训练的时间为三比一；八、推恩信。各级官吏必须严格执行皇帝的赦令，对违令者严惩不贷；九、重命令。朝廷颁布法律法规要慎重，各级官吏执法时必须要严肃；十、减徭役。合并户口少的州县，裁汰冗员，以减轻人民的赋税和徭役负担。

皇帝此时正信任和器重范仲淹，十事除府兵法外，其余各项都在庆历三年十月至庆历四年五月间，先后以诏书的形式颁行全国。范仲淹的"十事疏"，切中时弊时地揭露出了大宋王朝内部存在的各种重大问题，同时又提出了一些行之有效的救治措施，是庆历新政的纲领。在此前后，富弼、韩琦也上书陈述当世急务，成为"十事疏"的补充。举国上下都期望新政能够改变国困民穷的面貌，范仲淹也把营造太平盛世作为自己的使命，为推行新政呕心沥血。

然而，庆历新政，对权贵官僚的种种特权做了严格限制，因而触犯了他们的利益，所以，一开始就遭到他们的反对。随着改革的深入开展,革新派遇到的阻力越来越大。保守派为了保护自身的权益,不择手段地制造政治流言,对革新派人物进行诬陷,以达到彻底打倒革新派的目的。曾经附和新政的宰相章得象,公然支持部分反对新政的谏官攻击范仲淹等人结党擅权。随后,由于革新而被罢黜的保守派官僚前枢密使夏竦,竟伪造了一封他人给富弼的亲笔信,然后,再根据信中的内容诬告革新派有妄图废立皇帝的野心。谋逆之罪,非同小可,虽然仁宗本人对此没有什么反应,但革新派却开始觉得改革将难以顺利推行下去。这时,西北边防又有急报。庆历四年六月,范仲淹以防秋为名请求巡边,被任命为陕西、河东宣抚使。他离开朝廷后,保守派对新政的攻击更加猛烈。庆历五年年初,他正式被解除参知政事的职务,担任陕西四路安抚使兼邠州知州。同时,在这段时间,革新派的代表人物富弼、韩琦等被排挤出朝廷,忠于职守的按察使以"苛察"的罪名遭到贬斥,就连同情改革的文士苏舜钦、刘巽等人也被驱逐出京。革新派从中央到地方被一网打尽,持续了不到两年的改革之风在顽强的保守派面前,再也没有了开始之时的强劲势头,越吹越小,直至停息。

高风亮节　后人景仰

范仲淹,以天下为己任,忧国忧民,将个人荣辱置之度外,是一个有远大抱负和高尚情操的政治家。他的传世之作《岳阳楼记》中"不以物喜,不以己悲"、"先天下之忧而忧,后天下之乐而乐",正是他一生为人、为官的真实写照,以及面对风风雨雨的人生磨难所持有的人生态度。范仲淹居官清廉,不贪富贵。正如他在自己的诗中写的那样:"身甘一枝巢","富贵非我望"。甚至到了晚年还没有一所像样的宅第。他61岁知杭州时,其子弟要为他在洛阳建一所住宅,作为养老之所,范仲淹极力反对。对于自己的生活,他非常地节俭。而见到周围人有困难,他却当即解囊相助。他在家乡苏州还办了一个"义庄",用来赡养和救济本族人。他身居相位,饮食非常简朴。妻子儿女的衣食也只求温饱,不务奢华。他对子女也管教极严。

范仲淹待人亲切,又举贤任能,当时许多贤士如孙物、胡瑗、石介、李觏都是由他推荐而成名立业的。由于他乐善好施,博爱众人,所以,就连街巷里的普通百姓也能说出他的名字。宋人钱公辅说范仲淹是一位"忠义满朝廷,事业满边隅,功名满天下"的杰出人物。

皇祐四年(1052)正月,范仲淹徙知颖州,在赴任途中因病在徐州逝世,终年 64 岁。听到他死讯的人无不悲伤叹息。甚至连羌族百姓,也聚众举哀痛哭,斋戒三天。仁宗悲伤不已,亲笔为他的墓碑撰额,称为"褒贤之碑"。

王 安 石

王安石(1020 — 1086)，北宋神宗朝宰相。字介甫，号半山，江西临川(今江西抚州)人，世称临川先生。曾推行变法，是一位著名的政治家、改革家。此外，他的诗文也很有名。

立志济国　筹谋变法

王安石生于宋真宗天禧五年(1021)，父亲王益，做过几任地方官，王安石便自小跟随父亲奔波于南北各地，到过江宁、扬州、韶州、开封等，生活虽然不很安定，但也增长了很多知识，开阔了眼界。景祐四年(1037)王安石随父亲到江宁。从此，便在江宁定居下来，江宁成为他的第二故乡。但是，在江宁不到二年，王安石的父亲就去世了，那年他19岁。由于父亲的去世，家境逐渐困难起来，他和母亲过着十分清贫的生活。

庆历二年(1042)春，22岁的王安石参加科举考试，一举及第，名列上等，从此步入仕途，被任命为签书淮南节度判官厅公事，给扬州地方

王安石

长官韩琦当幕僚。任职三年后,按宋制可以有资格献文求试,以取得馆阁的职位。然而自幼就体察到民生疾苦的王安石,却非常想为百姓做点事,他愿继续在地方做官,因而在庆历七年(1047)出任鄞县知县。

希望能有一番作为的王安石来到任地,他看到鄞县地区跨江负海,有丰富的水资源,但由于水利失修,不能充分利用,使水白白流入大海。遇到不雨之年,即出现严重旱情,这是老百姓最害怕的事。因此王安石在到鄞县的第一年,便决定永远的解除患祸,他号召百姓利用冬闲之时,挖渠修河疏通水道。并且他还亲自到各地督促检查,由于这件事深得民心,百姓无不效力。在二三年里建造堤堰,修整陂塘,为当地水利建设做出不少成绩。

王安石在鄞县任满后,皇祐三年(1051)又转任舒州通判、群牧司通判、群牧司判官等职。这时的王安石已展现出他卓越的政治才能,每任一方就造福一方;同时,他又以学问和文章知名于世,欧阳修推举他在朝廷任职,但他依然没有接受,仍要求外任,于嘉祐二年(1057)被派到常州任知州。

嘉祐三年(1058)春,王安石调任江南东路提典刑狱,到任后,王安石发现现行的榷茶法存在严重弊端,官卖的茶叶,不仅质量低劣,而且价钱昂贵。因而他上疏仁宗,请求取消榷茶法,要求将茶叶市场放开,交由商人经销、官府只要从中抽税就可以了,这样可使民间得到好茶和贱茶。经实施,成绩不错,不仅国家通过行政税收增加了国库收入,而且老百姓还可以买到价格低廉的好茶,真可谓利国利民。

同年十月,仁宗召王安石进京,任三司度支判官。王安石无法再推辞,只得去上任。经过十几年地方官生活,使王安石对民间疾苦,社会人生有了更深刻的感受和认识。

嘉祐四年(1059)夏,他写成了《上仁宗皇帝言事书》,洋洋万言,陈述了自己力图改变北宋王朝自开国以来便形成的内忧外患,积贫积弱局面的愿望。

王安石的万言上书,没有得到仁宗的重视,因此也就没能得到采纳。但《言事》书无疑是王安石变法思想的集中体现。

嘉祐六年(1061),王安石被任命为知制诰,两年后仁宗去世,赵曙即位,是为英宗。这时王安石也因母亲去世,回到江宁守丧。

英宗即位后,无所作为,在位4年就因病去世。治平四年(1067)赵顼即位,是为宋神宗。起用王安石知江宁府,熙宁元年(1068)四月,王安石到开封,受命为翰林学士兼侍讲。

年轻的宋神宗,不同于仁宗和英宗,是一位颇有作为的年轻君主,他渴望能像唐太宗那样,征服四海,天下一统,也想寻求一个像魏徵那样的宰相,辅佐他建功立业。因而他对改革给予了厚望,希望能够借此实现他的政治理想。

王安石回开封后,神宗便即刻召见了他。开始就问,治理天下何以为先。王安石回答说:"选择治理的方法。"神宗又问:"唐太宗如何?"王安石说:"陛下当法尧、舜,何以太宗为哉?尧、舜之道,至简而不烦,至要而不迂,至易而不难。但末世学者不能通知,以为高不可及尔。"最后神宗说:"你要全心全意辅佐我,共同来完成这个伟大的事业"。

不久,神宗又问王安石,自大宋开国以来,百年无大变,天下太平是什么原因。王安石为了全面地回答这一问题,退朝后,写一份《本朝百年无事札子》,上奏神宗。王安石认为天下并非太平无事,只是目前没有爆发大面积动乱而已,他剖析了特别是仁宗统治时期在用人、理财、治军各个方面的弊端。"农民坏于徭役,而未尝特见救恤;又不为之设官,以修其水土之利。兵士杂于疲劳,而未尝申敕训练"。"其于理财,大抵无法,故虽俭约而民不富,虽忧勤而国不强。"王安石认为"大有为之时,正在今日",表示了变法图强已经是刻不容缓的事,只有对现有的弊政进行完全、彻底、全面的改革,社会面貌才能焕然一新。

神宗于熙宁二年(1069)二月,任命王安石为右谏议大夫、参知政事。王安石在神宗的支持下,建立"设置三司条例司",作为主持变法的专门机构,由王安石亲自负责。王安石又推荐吕惠卿作为自己的主要助手。一场变法革新的运动开始了。

熙宁变法　大展宏图

王安石的变法,在当时称之为新法。为了将新法切实地推行下去,王安石特地选了40多名提举官,来向大家推广、宣传新法。熙宁二年(1069)七月,王安石的改革方案陆续出台,内容包括理财、整顿治安和军备、改革科举与学校制度诸多方面。其中,理财是其核心内容。王安石主张"以天下动以生天下之财,以天下之财以供天下之费"。其具体内容概括如下:

均输法。宗旨是"徙贵就贱",也就是京城所需物资的采购要以价格低廉、路途较近为原则。此法可有效调整物资的供求关系,改进了对京师贡物的供应,增加政府财政收入。但同时也存在弊端,如信息滞后、无法及时调整,富商大贾得以操纵市场从中渔利以及农业、手工业和矿业产品无法自由流通等。

青苗法。即政府在青黄不接之时贷"青苗钱"给百姓,夏秋收获时还粮或还钱。此法的推行有利于抑制高利贷商人对农民的盘剥。然而其弊端也依然存在,官吏在散敛青苗钱时也有敲诈勒索、折价计钱的不良行为,借贷的农户仍是受尽盘剥,陷入还债的深渊之中。

农田水利法。主要内容是发展农田水利,开辟大量的荒田,制定整治河道的规划,促进农业生产的发展。此法实施之后,取得的成就有目共睹,耕地面积得以大大增加,黄河得到治理,兴修了很多水利工程。

免役法。代替了以往实行的差役法。主要内容是承担徭役义务的人不再服徭役,而是出钱募役,并把此下到单丁、户,这使得原本不必服役的家庭也得出钱。免役法的推行使各等户都得出钱,豪富之家财产多,出役钱也自然多。同时使轮流充役的农民得以回乡务农,有利于发展农业生产,亦增加了政府的财政收入,同时也抑制了豪强。实施的效果确实达到了目的。但它仍是一项弊端极大、争议最多的措施:地方官员收钱后募人充役可以任意出入,农民将劳动成果换成货币时又会遭受到商人的一层剥削。同时因为免役法每年都征收,而差役数年才轮流一次,实际上等于加重了农民的负担。

市易法。即以国家所藏库帛"置市易务于京师",不久就在各路推行。此法有利于保护中小商贩和外来客商,但从经济的角度讲,政府干预商业活动不利于商业自身的发展,同时政府的干预亦使得官员与豪商勾结起来,控制价格,反而坑害了平民百姓。

方田均税法。该法包括方田法和均税法两个方面的内容。由于北宋并不反对土地兼并,因此富豪地主大量兼并、侵吞土地,并千方百计隐瞒土地的数量以逃避税收,这便大大地减少了国家的土地税收,方田法旨在解决隐瞒土地的问题,但实际推行过程中,一整套既定措施根本得不到实行,成为一纸空文。

保甲法。旨在解决"寇盗充斥、劫掠公行"的现象,控制人民，增强国家的军事力量。但此法不利于农民安心生产，不利于人员的流动。

除上述各项措施之外，王安石也在科举制度和学校制度方面采取了不少改革措施。为了通过考试选拔更多的具有真才实学的官员，他废除明经科和科举诗赋，以《诗》《书》《易》《周礼》《礼记》为本经，《论语》《孟子》为兼经，要求考生联系实际回答问题，只有这样，才能找到真正具有经国治世的人才。王安石还注重学校制度的改革，"立太学生三舍法"，分生员为三等，上舍生成绩优异的，可"免发解及礼部试，召试赐第"。

变法失败 罢相而终

王安石的变法在一定程度上抑制甚至是损伤了大地主、大贵族、大商人的利益，由于对某些特权阶级的抑制，使得新法遭到了守旧势力的猛烈反扑及围攻。并随着变法高潮的到来，双方斗争的形势也愈加激烈和复杂。反对派们虽被逐出朝廷，却不肯善罢甘休。他们抓住变法过程中出现的一些偏差，对改革派发动了一次又一次的猛烈攻击。

1072年，就连华山崩裂也成了他们反对变法的理由，枢密使文彦博乘机对神宗说："市易司不当差官自卖果实，至华山山崩！"偏偏旱灾又接踵而至，反对派们以所谓天怒人怨为依据,反对新法。他们的反对之辞使得神宗有些动摇,神宗还真以为是触犯了天神。王安石对这些目光短浅、荒诞可笑的议论,视之为流俗,认为不足顾惜。他反复开导神宗,说天崩地裂、河水泛滥等这些都是非常正常的自然现象,与人事毫不相干,虽然有时碰到一起,也只是偶然,正确的态度应当是更修人事,以应付天灾。然而,神宗疑惧难消,而反对派的攻势却愈益猛烈。

除了文彦博之外,参知政事冯京又上言,对新法予以全面否定。更严重的是皇宫后院也加入了反对派的队伍,因为市易法实行"免役钱"直接触犯了皇族、后族和宦官们的利益。原来宫廷用品是由市易司供给,在购置用品的过程中,宦官们经常借着皇帝近侍的特殊身份对商人进行勒索、诈取。实行免役钱后,各行户按收利多少向宫廷交钱不再交物,宫廷所需物品,要按市易司规定的市场价格,出钱购买。这样,皇帝的亲属近侍便无利可图,他们便将一切的罪责都推到王安石的身上,皇太后和太皇太后泪流满面地向神宗诉说"王安石变法乱天下",要神宗把王安石赶出朝廷。在这关键时刻,支持改革的神宗变卦了。从1073年起,各地发生灾荒,河北的灾民四处流亡,纷纷流入京城,有人借此

文彦博

绘了一幅《流民图》，上书神宗，说这些灾荒是王安石变法的结果，最后说："去安石，天乃雨！"处在反对派的包围之下的王安石，很难继续执政，便在1074年四月上书要求辞去宰相之职。不知所措的神宗竟然下诏，命王安石出知江宁府（古时又称金陵），安心休息。

接任王安石为相的是韩绛，吕惠卿为参知政事，这两个人都是中坚的变法力量。但对一些具体问题，两人意见经常不一致，往往使许多法令不能及时地实施。且吕惠卿为人又颇跋扈，韩绛为了牵制他，便密请神宗复用王安石。作为神宗本人，他也不想变法中途失败，所以在熙宁八年(1075)二月，他又派使臣到江宁召回王安石。王安石见诏后，十分激动，便立即上路，昼夜兼程，仅用7天时间就回到京城开封，再度为相。

王安石复相后，虽然还想继续推行变法，但变法派内部却出现了分裂，且分裂越闹越大。而导致分裂的重要原因却是变法派内部的核心人物吕惠卿。吕惠卿是个出类拔萃的才子，对几项重要新法的制定和推行是有功劳的。但他个人野心太大，权势欲极强。对于王安石的再度为相，他深感不安与不满，处处给王安石出难题。吕惠卿又公行不法。熙宁八年十月，终于因罪被解除副相职务。变法派的另一主将章惇，因与吕惠卿"协力为奸"，也被罢出朝廷。变法派的分裂，大大削弱了变法派的战斗力，也使王安石的改革锐气受到极大挫伤。而新老反对派的攻击依然火力不减，在这种情况下，本来

就摇摆不定的神宗更加动摇了,根本不像以前那样对王安石言听计从了。

正值王安石日益消沉的时候,王安石的儿子又因病去世。丧子之痛,又给他病弱的身心沉重的一击。内忧外困,使已届古稀的王安石再难拥有当初的雄心壮志,一连四五次上疏,坚决请求解除宰相之职。1076年十月,神宗终于同意了他的请求,给他"判江宁府"的官衔,王安石于是又回到了他熟悉的金陵。

元丰八年(1085)三月,宋哲宗即位,太皇太后高氏听政,保守势力控制了政权。不久,司马光出任宰相,尽废新法。元祐元年(1086)三月,"罢免役法"。此事对王安石打击很大,并因此一病不起。四月,王安石去世,时年66岁。

司 马 光

司马光(1020 — 1086)，北宋哲宗朝宰相。字君实，号迂叟，世称涑水先生。陕州夏县（今属山西）涑水乡人。其父司马池，曾担任过天章阁待制。司马光坚决反对王安石变法，在相位不到一年，尽废新法。他一生为官正直，诚实待人，为后人所尊崇。在担任西京御使台期间，他主持修撰的《资治通鉴》，在文学和史学上都有极高价值。

聪明好学　为官正直

司马光出身于官僚地主家庭，其父司马池曾官居四品，担任过北宋天章阁待制等要职，司马池光明磊落，因此对其子司马光家教甚严。司马光6岁时，偶尔得到一个壳非常坚硬的核桃，自己弄了半天都没有弄开，后来婢女看到就帮助他去了壳。结果其兄看见剥出来完好无损的核桃核，就问司马光是谁去的。结果司马光随口便说是自己。不巧，这一切都被刚刚下朝回来的父亲看到，原本司马光以为父亲要严厉地责罚自己，但是，他没想到父亲不仅没有发火，反而亲切地走过来抚着他的头谆谆教诲道："诚信，是为人的根本，人应当取信于人。"从此，司马光立志不说谎话，并且说到做到，终生不说假话，被人传为佳话和当作效法的榜样。当然，著名的"司马光砸缸"的故事就发生在他六七岁的时候，在此，我们就不提了。

不过，司马池对司马光的主要要求还在于读书求知。司马光6岁的时候，就在父兄的督教下开始读书，他不仅努力好学，而且严于律己。

司马光

当别的同学都去游戏的时候，他却呆在房中诵读，直到能够熟练地背诵为止。后来他觉得只能背诵还不够，还必须懂得书中所说的道理，因而就早上诵读，晚上思考。他说："书不可不成诵，或在马上，或在中夜不寝，时咏其文，思其义，所得多矣。"他不放过任何一个机会学习。白天，他在学校里听先生讲《左氏春秋》，晚上放学回家，便对家人复述这部书，因此很快了解了这部书的要旨。当时，他睡觉用的枕头，是一段圆木，叫"警枕"。圆木容易动，使人睡不稳。只要圆木一动，司马光就惊醒，立即起床挑灯夜读。如此地不知疲倦，如此地持之以恒，所以他很早就表现出过人的才华。

到司马光15岁的时候，他就已经读了不少书，文章亦写得淳深古朴，时人评之，说有西汉之风。就在这一年，按宋朝的旧制，五、六品以上的官员子弟都可以凭恩荫补官。不过，司马光不想靠父亲的四品官位而获得庇护和赐予,他有自己的抱负。宋仁宗宝元元年(1038)三月,20岁的司马光参加了科举考试,金榜题名,中进士甲科。考中进士后,司马光被授予奉礼郎、华州(今陕西华县)判官。那时司马池知杭州,为了便于侍双亲,司马光上书请求调任苏州判官。朝廷同意了他的请求。由于在这一年,他的母亲和父亲相继去世,司马光在家服丧达5年之久。这期间,他闭户读书,写了好些文章。庆历五年(1045),司马光丧服满了,任武成军判官。从此,司马光步入宦途。

皇祐元年(1049),庞籍为枢密副使,力荐司马光试馆阁校勘,同知太常礼院。在此期间司马光参与了朝廷有关刑事、礼仪及编校书籍等工作,馆阁校勘的工作给司马光提供了阅读朝廷密阁所藏的大量图书的机会,对于以后的史学研究与编撰有很大地帮助。同时亦因执掌太常礼院的事情,以论夏竦谥号而得到了不虚美、不隐恶的美名。在皇祐三年(1051),迁殿中丞。可惜好景不长,当时宰相庞籍涉嫌罢相,次年降为户部侍郎,出知郓州。庞籍希望司马光做他的助手,固而举荐司马光任郓州典学。司马光为报庞籍知遇之恩,就随庞籍到郓州任。司马光在那里,担任了郓州典学和通判。通判是考察官吏治绩优劣的苦差使。至和二年(1055),庞籍改任河东路经略完抚使、知并州,司马光又跟随庞籍调到并州(今山西太原),任通判。在并州,当时屈野河西良田很多,西夏人一点点地蚕食这块土地,成为河东的祸患。庞籍命令司马光按察此事，司马光建议："修筑两座城堡以制约夏人，招募百姓来耕种这些土地，耕种的多了收买粮食就价钱低，也可以逐渐缓解河东高价买粮远途运输的忧虑。"庞籍听从司马光的建议。然而，并州宋将郭恩虽然勇猛却很狂妄自大，在毫无准备的情况下，在夜里率兵渡过屈野河，对西夏兵突然袭击，结果被西夏军完全击破，全军覆没。庞籍也因此获罪而离任。司马光三次上书将罪责归于自己，得不到答复。6年后，庞籍去世，司马光为感庞籍之恩泽，登堂拜庞籍的妻子如同母亲，抚育他的儿子如同兄弟。

嘉祐二年 (1057)，司马光再次被调入京，任职秘阁，后迁开封府推官等职。嘉祐六年被提升为起居舍人，同知谏院。谏院是专门批评朝政得失的机构。司马光担任谏官5年，竭尽忠诚，恪守职责，以其刚正不阿的性格，从内政外交到社会道德，向朝廷提出了许多批评和建议。

嘉祐八年 (1063) 三月，仁宗皇帝病重，他对司马光等臣子的忠心尽职十分赞赏，临终前留下遗诏，赏赐司马光等一笔财宝。英宗继位后，也十分感激司马光等人的上奏，果决地执行了仁宗的遗诏。司马光对受赐的同僚说："为国家尽职责，理所应当，何况现在国家贫困，钱财缺乏，我们不应该接受这么多的赏赐。"有的人听了，不以为然地说："先帝恩赐，不接受就是对先帝的不尊敬。"也有人这样说："皇上恩赐是无上光荣，哪有不受之理！"于是，司马光决定将先帝赐给的宝物交给谏院作公费,以减轻国库的负担。

司马光正直无私,两袖清风,除俸禄外,不谋取外财。晚年时,司马光隐居在洛阳的尊贤坊,买了20余亩地,造了一座花园,取名为"独乐园"。按洛阳的风俗,春天人们喜欢游园,管理的园丁可以得到一些茶汤钱,但其中的一半必须分与主人。"独乐园"的园丁吕直得钱2万,便拿出1万钱分给司马光。司马光不肯要,吕直只好又把钱拿走,十分感慨地说:"只有我们的司马相公不爱钱。"

反对变法　编修巨著

司马光与王安石既是老相识,又是好朋友。两人对于北宋王朝所面临的内忧外患的局面及千疮百孔的社会现实,都有着深刻的认识,都主张采取措施以改变现状。然而在具体方式上,他们存在着严重的分歧。其中分歧最大的方面就是在理财上,王安石变法的重点在于"开源",努力从各个方面增加政府的财政收入,而司马光则注意"节流",即减少政府支出。

王安石变法虽然有许多有利于生产发展的方面,但同时也存在不少问题,这是司马光反对变法的根本原因;另一个原因是王安石用人不当。熙宁二年(1069),王安石升任参知政事,宋神宗"设制置三司条例司",并令"陈升之、王安石领其事",王安石即推荐吕惠卿担任条例司检详文字。王安石一直很信任吕惠卿，在罢相后仍推荐他担任相职。但吕惠卿追逐权力，诬陷王安石，以新法掠夺民财。这种因用人失误而招致的种种恶果，使得司马光看在眼里，痛在心里，他多次写信给王安石，阐述他自己对于新政的看法，但王安石都没有加以理会。

随着新法的推行，保守派与变法派势如水火，许多反对新法的官员都被王安石赶出了朝廷或主动提出辞职请求外任。司马光也在其中，被罢免了翰林学士等职。熙宁三年，司马光再一次离开京城，出任水兴军（今陕西西安）的地方官。熙宁四年（1071）夏，司马光辞去职务，任西京（今河南洛阳）留司御史台，这是一个闲散的职位。从此司马光定居在洛阳，在"独乐园"里居住长达15年，远避朝廷党争之祸。在此期间，司马光完成了他的史学巨著《资治通鉴》。

司马光编写《资治通鉴》得到了皇帝的大力支持。早在英宗年间，他已初步撰写《历年图》25卷和《通志》8卷，当时英宗看了，极为赞赏，让司马光继续编下去，并允许他设书局、择官属。神宗时，司马光又得到资料、财力方面的支持，使其不为物力缺乏所限制，专心著书。

司马光修书的精神与毅力让人感动。在长达十几年的编撰过程中，司马光等人忍受了常人所无法想象的寂寞与辛苦。为了完成这部巨制，司马光可谓耗尽了毕生心力。他自己曾说："研精极虑，穷竭所有，日力不足，继之以夜。"在编写的过程中，他事事考据、字字推敲，翻阅了无数的资料。光其残稿，竟堆满了两间房屋。巨著写成，司马光已"骸骨癯瘵，目视昏近，齿牙无几，神识衰耗，目前所为，旋踵遗忘"。《资治通鉴》的修成，不仅为后世统治者留下了宝贵的统治经验，也为后人提供了鉴古知今的好教材。

出任宰相　尽废新法

元丰八年(1085)三月神宗病逝，神宗年仅10岁的儿子赵煦继位，是为哲宗，改元为元祐。由于哲宗年少无知不能亲政，整个朝廷就听他的祖母太皇太后高氏调遣。这位太后一向器重司马光，加之神宗临死之前曾留言让司马光和吕公著当赵煦的师傅。同年四月，司马光入朝任门下侍郎，元祐元年(1086)闰二月，已是67岁高龄的司马光又升任尚书左仆射，做了宰相。虽然这时他已年迈力衰，身体多病，做宰相主持朝政已力不从心，但仍是兢兢业业、克己奉公地为国家操劳，为万民请愿。

司马光一上台，便全力以赴地从事废除王安石新法的工作。在就任门下侍郎的第二天，他就上了《请更张新法札子》，把新法比之为毒药，请立即采取措施，全部"更张"。十二月四日又上一份《请革

宋神宗赵顼

弊札子》,要求将王安石新政所造成的弊端一一改正。为了使自己的政治主张能够实现,罢废新法一事能顺利进行,入相以后他向高太后进言,陆续将因反对变法而被贬出各地的官吏刘挚、范纯仁、李常、苏轼、苏辙等人召回朝中任职,吕公著、文彦博等老臣也逐渐回到朝中,委以要职。司马光前后几次上书,对王安石变法给予了全盘的否定。在高太后的支持下,变法派的蔡确被罢相出知陈州;章惇也被贬汝州。司马光如此绝决反对新法的态度,不仅原来变法派的人物极力反对,就是原本反对变法的人也主张要慎重行事。范纯仁就曾劝司马光,对新法只要"去其太甚者可矣",并且应当"徐徐经理,乃为得计",如废保甲法时,对保甲当中那些武艺出众的人,就应该委派殿前司加以拣选;吕公著也认为只要对新法实施过程中出现的偏差及弊害进行纠正就行了,并不一定全面废除。但是此时的司马光已经听不进去这些话,他认为"既知其为害于民,无益于国,便当一切废罢"。他把废除新法比作给人看病,认为主张慢慢来不让病快点好,对病人是没有好处的。

司马光一向认为战争是劳民费财之举。所以,在他任相期间,还将王安石变法时侵占西夏的领土,应西夏的要求还给了西夏。

作为朝中重臣,司马光虽位高权重,但他依然勤俭节约,并以身作则。他提倡为国家节俭,自己就多次辞赐金、物。他平时个人生活极为俭朴,"食不敢常有肉,衣不敢纯衣帛"。他教导儿子司马康要力戒奢华,还专门做了一篇文章,叫《训俭示康》,他认为只要"衣取蔽寒,食取充腹"就可以了,他的这种俭朴精神曾为朝野上下所共仰。

司马光做宰相后政务繁忙,他不但日夜操劳国家大事,还挤出时间从事著述,20卷的《稽古录》便成书于这一时期。元祐元年(1086)八月,司马光的病情突然加重,昏迷不醒,九月一日去世,享年67岁。高太后和哲宗哀痛非常,亲临其丧礼。司马光被赠为太师温国公,谥文正。

李 纲

李纲(1083—1140),南宋第一任宰相。字伯纪,邵武(今福建邵武)人。其父李夔官至龙图阁待制。李纲在危难之时受命为宰相,在短短75天的时间内,他在请罢和议、加强战备、力挽危局方面做了大量的工作。他积极抗金救国,为国家、为民族奋斗了一生。

坚守开封 抵抗金兵

李纲,出生于一个封建官僚家庭。少年时便颇有报负。22岁时进太原读书。33岁时进士及第。徽宗政和二年(1112)授官承务郎,后累升官位至太常少卿和起居郎国史编修官。由于此时朝政为大奸臣蔡京把持,正直耿介的李纲自然不为奸邪之人所容,因他几次三番上疏抨击朝政的弊端,要求改革。不久,李纲被贬为南剑州的沙县(今福建沙县)做一名管理税务的小官。

由于蔡京、王黼两人狼狈为奸,将朝政弄得混乱不堪,朝臣们早已不满,但又多敢怒不敢言。这下李纲被贬,朝野上下震惊。

李 纲

宋徽宗赵佶

迫于压力，徽宗在宣和七年（1125）三月，又恢复了李纲的太常少卿职务。就在这一年里，北宋政府发生了急剧的变化，金政权撕毁了与宋的和约，大举南下。

金兵分两路，眼看近逼开封府，以宋徽宗为首的大宋统治集团，顿时束手无策，乱成一团。并急忙任太子为开封牧，来应付危局。同时，为稳住局势，一面下"罪己诏"，做出准备抗金的样子，一面暗中准备逃跑。职微官轻的李纲挺身而出，献计献策，主张抗金。宣和七年，徽宗匆忙让位于太子赵桓。

钦宗为帝后，李纲继续上疏请命，力主抗金，请求皇上顺应民心，消除内忧外患。钦宗看过李纲的奏疏，表示了赞赏，并于宣和七年（1125）十二月末，任命李纲为兵部侍郎。第二年，又任命他担任了行营参谋官的职务。靖康元年（1126）正月初三，金军渡过了黄河。太上皇徽宗连夜仓皇出逃。宋钦宗在宰相白时中的劝说下，抗金决心开始动摇，亦准备出逃。形势急迫不容迟缓，李纲犯着性命之忧力劝钦宗坚守京城，以待勤王之师。钦宗当即任命李纲为尚书右丞（副宰相），留守东京，统领军队抗击金兵。同时也勉强答应了李纲的请求，表示不再南下，后来李纲又被任命为亲征行营使。

接受了重任的李纲,立即着手进行紧张的战备工作。不仅准备了充分的物资以备守城之用,又积极地操练士兵准备随时出击。然而就在李纲紧张地进行着这一切的时候,金军已经兵临城下。宋钦宗慌忙派出使臣与金议和,金人乘机提出割让土地、赔偿大量金银等蛮不讲理的苛刻条件。

就在以钦宗为首的主和派准备无条件接受金人的无理要求时,李纲却坚决反对,面对着这个城下之盟,他力谏钦宗坚守京师,并提出尽量拖延时间,等待各地勤王之师到来的建议。但是钦宗没有同意李纲的意见,而是倒向主和派一边,完全接受了金人的无理要求。李纲见此,不仅无限气愤,更是羞愧难当,他请求辞职,却没有得到批准。

就在钦宗准备用金钱土地换取苟安之时,各地勤王之师20余万陆续赶到,其中,马忠领导的京西兵马还在郑州与金军交战,结果给了金军以重击,消息传至京城,军心振奋。况这时宋军兵力为金军3倍,因此,李纲趁机向钦宗提出把指挥各地勤王之师的权力给予他,却遭到了投降派的极力反对,他们怕李纲握有兵权、势力过大,就对钦宗提出了分散兵权的要求。于是钦宗下诏另设宣抚司,以种师道担任宣抚使,命姚仲平为都统制,专门管理各路援军。面对这样的情况,李纲并没有计较个人得失,而是积极的和种、姚二人商量,如何击退金兵。他们经过一番筹划,准备在二月初六这天起兵攻敌。靖康元年(1126)二月一日,姚仲平利欲熏心,为了抢头功,竟打破了原先商议好的作战计划,自行率军偷袭金营,然而却遭到惨败。

姚仲平失败后,钦宗在奸人的挑拨之下罢免李纲、种师道之职,派使臣带着同意割让三镇的诏书,向金人乞和。消息一出,民情激愤,以陈东为首的几百名太学生上书请愿,要求李纲复职。于是,钦宗又恢复了李纲尚书右丞相的职务。

复职后的李纲,又指挥将士加紧都城开封的各项城防措施,指挥军队英勇杀敌,宋军士气大振。金人一看李纲又复职,知道此战再难取胜,就慌忙撤兵了。

京都解围后,李纲曾多次提醒钦宗,防备金兵在秋高马肥之时再次侵犯,上疏没有回音,自己却被主和派排挤出了朝廷,接替种师道为河东抚使。六月底,李纲等数路兵马在太原附近与金作战,由于各路没有统一指挥,各自为战,被金兵各个击破。这下被主和派抓住了把柄,他们以李纲兵败为由,日夜在钦宗面前进谗言。八月,李纲被罢知扬州,提举杭州洞霄宫,十月,又被放逐,充建昌军。

九月,金兵再次大举南下,并再一次包围了开封。钦宗在这时才想起忠心耿耿的李纲,才想起他的谆谆告诫。钦宗立刻任命李纲为资政殿大学士、领开封府,让他领兵增援,保卫开封。但是钦宗的诏书还没有到达李纲的驻扎地,开封已被金军所破。靖康二年(1127),钦宗、徽宗被金人押往金国,北宋灭亡。

出任宰相　壮志难酬

建元元年(1127)五月一日,曾差点被拉去做人质的康王赵构在南京(今河南商丘)即位,改元建炎,史称南宋。

宋高宗赵构即位之后,任命了黄潜善为中书侍郎、汪伯彦为同知枢密院士,但是他仍然认为这二人声望不高,还是想让李纲出任宰相辅政。他不顾一些朝臣的反对,于六月二日拜李纲为尚书右仆射兼中书侍郎,出任右相,成为南宋政权的第一任宰相。

李纲在任相期间,面对国破山河在的景况,他只能竭尽全力,为抗金救国呕心沥血。他锐意改革,在刚刚上任时就向高宗上十议书,内容大致是:在对待金人入侵的问题上,一定要首先使自己强大起来,坚决抵御敌人的进攻。不能乞求讲和,走投降卖国之路。即加强河北、河东的防务;调动民间武装力量,积极参加抗敌斗争;重视人才;修城池、整兵器、制造战船、健全编制军队和军法、挖掘兵源扩大兵力;严惩张邦昌等叛国之人;反对迁都建康(今南京市)等等。

就在李纲为大宋王朝的生死存亡而殚精竭虑的时候,黄潜善和汪伯彦这两个主和派却在暗中大肆活动,他们向高宗皇帝密告，不断地派遣使臣与金议和，极力破坏李纲的抗战计划。后来干脆骂李纲为"国贼"，很明显地表现出企图从朝廷赶走李纲。而作为宋高宗本人来讲，他请李纲回来也并非是要用他一味抗击金兵，只是希望用李纲这个人人敬服的老臣来帮他坐镇朝廷。因此，在黄汪二人的谗言之下，他开始明显地对李纲进行了疏远。面对此种消极的君臣，李纲只能以辞职来表示自己的愤慨。建炎元年（1127）八月十八日，高宗下令罢李纲宰相职务，李纲在位时的一切改革、备战措施也随之废除。太学生陈东、欧阳彻再一次上书请愿，要求复李纲的职，抨击主和派黄潜善、汪伯彦，但高宗不仅不听，反而将两位太学生当众斩首。

李纲一罢相，金人便开始有所行动。在短短不到两个月的时间里，金人攻陷了许多地区，贪生怕死的宋高宗只得离开中原，乘船逃跑，直奔扬州而去。金人闻讯追击，高宗一行只好又逃往临安（今杭州），金兵又继续南进攻击临安，高宗又慌忙逃到明州（今浙江宁波），为了保全性命，高宗最后都不敢着陆，整日都只在海上漂泊，狼狈地躲避着金兵的追击。金人由于不习水性，再加上岳飞、韩世忠部队的顽强抵抗，只得从南方撤军，回到了江北。为加强对黄河以南的统治，金人在撤军前，立了一个傀儡皇帝刘豫，以大齐为国号。

李纲在罢相后的最初几年里，仍不断地遭受着奸人的陷害，因而屡次被贬、被逐，最后到了万安（今海南岛）。对于朝廷的腐败、城池的沦陷、人民痛苦不堪的生活，他悲愤交加。但是残酷的政治现实，使他怀才不遇，壮志未酬，在此期间他只能通过写诗抒发自己的情感。

绍兴二年(1132)，在金兵撤回北方后，高宗回到了临安并召回李纲，任命他为湖广宣抚使，兼知潭州（今湖南长沙）。李纲接受任命后，还是一如既往，积极准备抗金，收复失地，以自己的行动来表明自己的爱国热忱和报效国家的愿望。他聚拢各路的地方武装，组织起一支坚强的抗金队伍，恢复被战争破坏的经济；减轻人民的苛捐杂税；访贫问苦等等。同时他在金与刘豫伪政权准备共同南下时，又上疏高宗，提出乘敌之虚、收复失地的具体办法。然而满腔的热血以及爱国情怀总是换来他人的诬陷与不信任，这次他的抗金建议还是没有被采纳。绍兴二年(1132)，李纲再次被免职，直到绍兴五年(1135)十月张浚任宰相后，才任李纲为江西安抚制置大使兼知洪州。由于高宗始终站在主和派一边，所以李纲是不会得到重用而有所作为的。对待金人是战是和，南宋朝廷内的主战派和主和派一直争论不休。随着形势的发展变化，高宗竟然同意了以秦桧为首的主和派的意见。绍兴九年(1139)南宋与金达成和议，宋对金称臣，每年贡银25万两、绢25万匹。面对这种屈辱的媾和，任何一个有着爱国之心的热血之人都不会不为之气结，一心渴望收复河山的李纲愤恨之极，但又无能为力。后来高宗又任命他为荆湖南路安抚大使，但李纲没有接受任命。

绍兴十年(1140)正月，南宋的第一任宰相、抗金英雄李纲含恨逝世，终年58岁。

秦 桧

秦桧（1090—1155），南宋高宗朝右仆射。字会之。江宁（今江苏南京）人。高宗时两任宰相，追赠申王，谥号"忠献"。后夺王爵，改谥"缪丑"。秦桧任相18年，里通外国，控制朝政，排除异己，培植党羽，卖国求荣，成为臭名昭著的一代奸相，为后人所唾弃。

变节投敌　攀上仕途

秦桧，字会之，江宁（今江苏南京）人，哲宗元祐五年（1090）出生于一个小官僚家庭，其父秦敏曾任静江府古县（今广西永福县境）县令。所谓"上梁不正下梁歪"，秦桧少时便师从于南宋奸相汪伯彦，所以说，奸相培养出卖国贼是非常正常的事情。秦桧年轻时并无大志，他在给小孩儿们当教书先生时，曾牢骚满腹地说："若得水田三百亩，这番不做猢狲王。"

1115年，25岁的秦桧中进士，被授职密州（今山东诸城）州学任教授，后任太学学正。虽然他只是个九品芝麻官，但因其妻王氏是北宋名臣王珪的孙女，所以夫以妻贵，秦桧因而与许多达官显宦有着密切地来往。10年之后,即靖康元年(1126),金兵大举南侵,围困宋都城汴京(今河南开封),并派遣使者进城,公然要求北宋割让太原、中山、河间三镇予金。朝廷内部以张邦昌和李纲为首的主和与主战两派,针锋相对,各不相让。这时,年已36岁的秦桧给朝廷上书提出了四条意见:一是金人贪得无厌,要割地只能割让燕山一路;二是金人狡诈,守备不可松懈;三是要求召集百官详细讨论,选择恰当之意见载入誓书;四是要求把金朝使者安排在外面,不能让他们进朝门上殿堂。但此时,已决定讲和的宋钦宗并未接受他的建议。不久还令秦桧在张邦昌属下为官,前往金营议和。秦桧坚辞不就,他说:"是行专为割地,与臣初议矛盾,失臣本心。"但一心想要金朝退兵的宋钦宗,仍坚持派秦桧和程瑀为割地使同金人进行谈判。金兵退去以后,由于御史中丞李回等人的举荐,秦桧升任殿中侍御史、左司谏。

靖康元年十一月,金兵再度南下,攻占京城,俘虏徽宗、钦宗,史称"靖康之变"。金国为了统治已经占领的黄河以南地区,便立张邦昌为帝,作为傀儡。为此,大宋王朝内部许多大臣极力反对,秦桧为取得爱国的美名,还给金国写了一封慷慨激昂的声讨信。很显然,这只是秦桧一时

秦桧

的冲动之举。

当靖康二年(1127),金兵将秦桧及其家人掳至金兵大营的时候,秦桧早就将国仇家恨抛置脑后。他趁机贿赂金帅粘罕,让粘罕为他在金太宗面前美言,他才得以留在金太宗之弟挞懒身边。自此之后,秦桧极力讨好挞懒,卖力为金国效命。

建炎三年(1129)十月,金兵进攻南宋时,秦桧已成为挞懒部军事参谋兼随军转运使,深得挞懒宠信。为了快速地消灭南宋朝廷,金人准备让秦桧打入南宋内部,从而里应外合谋取汉室天下。

建炎四年,挞懒趁带兵攻打山阳镇的时机,演出了一场预谋已久的丑剧。山阳城陷落,秦桧趁兵乱之机,带领其妻王氏及随从登船南下。船行至涟水时,遇到南宋巡逻兵士,秦桧自称是杀死了看守他的金人以后登船逃来的。秦桧被送往临安(今浙江杭州)。对于他归来的理由,没有人能相信,人们提出了种种的质疑,就连秦桧自己,也无法自圆其说。但是,秦桧以前的朋友如宰相范宗尹、李回人却极力为他辩说,并在高宗面前称赞秦桧忠心耿耿,夸耀他才识过人。宋高宗听信这些话,迫不及待地想见识一下这位"栋梁之才"。

第二天,秦桧见到高宗,就首先提出:"要想求得天下安然无事,宋金两朝就要划归各自的领地,南归南、北归北。"要高宗安享南面半壁江山,将北方拱手让给金国。高宗本身就不是力主抗金的君主,不免被秦桧的言语打动,秦桧觉察到了高宗的心思,不失时机地呈上谋划已久的"求和书"。高宗认为秦桧深知自己的心意,不禁大为高兴,立即任命秦桧为礼部尚书,之后就升他为参知政事。

窃居相位 独揽朝纲

过河拆桥、忘恩负义是小人的专长,取得高宗的信任之后,秦桧便开始了他的一系列为谋取相位而早已谋划好的计策。他极力排挤掉时任宰相的范宗尹。绍兴元年(1131)八月,秦桧被升任为右仆射同中书门下平章事,兼知枢密院事,终于集军政大权于一身。

秦桧登上相位后,他又设法将左宰相挤出朝廷,一人独揽大权;设置"修政局",自任提举,收罗党羽,安插其中,逐步培植自己的力量。他嗜权专行,任人唯亲,排斥异己,引起了朝中人士的激烈抨击。再加上宋高宗也因和议未能达成而深感失望,内外压力之下,秦桧于绍兴二年被罢免宰相,贬为观文殿学士,提举江州太平观。

秦桧被罢相之后,人虽赋闲,但贼心不死。这一时期金军在战场上接连失利,无可奈何之际,金朝提出议和,这正中一向期望和议的宋高宗的下怀。在他心中,秦桧一直是他"诚实可倚"的得力助手,于是秦桧又被重新起用。绍兴八年(1138)三月,秦桧恢复相职。

秦桧窃居相位后并未满足。南宋时左相、右相并立,秦桧还不能一手遮天。于是他又发挥了自己的专才,通过一系列权术的玩弄,将朝政独揽手中。

宋高宗赵构

那时秦桧自金国归来之后,拜相没多久,吕颐浩也升任宰相,与秦桧共同执政。秦桧颇不自在,欲夺吕颐浩之权。他使用为政须内外兼修,方能中兴之计使得吕颐浩被派往镇江都督府"专治军旅",而秦桧留在京师"专理庶务",实际上独揽了朝政大权。后来,吕颐浩将秦桧及其党羽驱逐出朝,并对宋高宗说秦桧为人奸诈。对此,秦桧一直耿耿于怀。所以,当他再次掌权后,趁吕颐浩病重,强迫吕颐浩自台州赴洛阳任西京留守,吕颐浩为此愤激而死。即使是这样,秦桧还没有释怀,反而又命地方官抄了吕颐浩的家,贬了吕颐浩的儿子才罢休。小人之心真是可怕啊!

所以,这次复相位之后,他又大肆排除异己,将反对和议的大臣尽行贬逐,并采纳勾龙如渊提出的"邪说横起,胡不择台官击去之"的意见,奏举勾龙如渊为御史中丞,控制台谏。可以说是一手遮天,只要谁稍有忤逆即予贬黜。

1142年,朝廷举行科考。为了一直永远就这样把持朝廷大权,秦桧授意考官将其养子秦熺选为进士第一,并授以秘书郎,领修国史。秦熺遂自颂其父功德2000余言,向朝廷进建炎元年至绍兴十二年日历590卷。

秦桧为掩盖自己的投降行径,还下令禁刻私史、野史,并将不利于自己的诏书、奏疏统统焚毁,竭尽篡改历史之能事。过了3年,秦熺升为翰林学士兼侍读,又过3年,升为知枢密院事。

秦桧两居相位,久擅威福,连秦府的看门走卒也是盛气凌人,行路之人多看两眼或咳嗽一声,也要遭到呵斥。朝中大臣更是得看秦桧的脸色行事,在他面前大气都不敢出。

卖国投敌 残害忠良

秦桧初任宰相之时,曾凭借"南人归南、北人归北"的主张讨好了宋高宗,后来金使果然要求南宋全部送还北方人,恰与秦桧主张相吻合。这亦说明了秦桧名为宋之大臣,实为金之走狗的真相。

绍兴八年十月,金使携诏书前往南宋。其气焰嚣张到不仅要求沿途地方官员要以臣子之礼来迎接使臣,就连宋高宗都要以臣子之礼接受诏书。秦桧怕得罪金人,劝高宗同意跪拜接诏。消息传出,民情激愤。无奈，接诏书时由秦桧代行跪拜之礼。绍兴九年，秦桧不顾诸大臣的反对，与金使签订宋金和约，割地称臣，宋朝受尽屈辱。

和约签订不满一年，金国发生政变，完颜宗弼上台。绍兴十年（1140），完颜宗弼率领大军，逼近河南、陕西。但这一次，并不像以往的那样，金军遭受到了前所未有的打击。正面战场上，南宋名将岳飞、刘琦、韩世忠率军抗敌，打得他们落花流水；而此时，北方敌后的义军也掀起了汹涌澎湃的抗金斗争，给金军以沉重的打击。两相夹击，形势越来越有利于南宋。金军内部已矛盾重重，面临着土崩瓦解的危机。爱国名将岳飞趁士气高涨之机，打算一鼓作气，渡过黄河，收复失地。就在这紧要关头，岳飞却接到了高宗要求撤军的旨意，君命难违，岳飞只得遵从。当然，这一切都是秦桧搅的局。

绍兴十一年（1141），秦桧借口论功行赏，任命韩世忠、张浚为枢密使，岳飞为枢密副使，解除了这些爱国抗金将领的兵权。同时自己又因议和投降有功，官拜左仆射、同中书门下平章事兼枢密使，进封庆国公，后又加封少保、冀国公。

然而，韩世忠、张浚、岳飞等虽被解除兵权，但秦桧还是不放心，特别是岳飞，他成了秦桧的眼中钉、肉中刺。秦桧认为岳飞不死，必将破坏议和，对自己不利，必须杀之而后快。这年十月，秦桧指使谏官万俟卨兴起岳飞之狱,并指使张浚诬告岳飞部将张宪谋反。张宪遂被捕入狱,岳飞、岳云父子也被送到大理寺审讯。岳飞入狱后,自觉光明磊落,起初还据理力争,但当他清楚了审讯官都是秦桧的死党后,就长叹一声道:"使吾为国忠心,一旦都休。"任凭拷打,不再说话。随着宋金"和议"的进行,金兀术竟然以杀岳飞作为"议和"的条件。秦桧遂指使党羽罗织罪名,陷害岳飞。韩世忠得知后,气愤地质问秦桧:"岳飞父子犯有何罪?"秦桧答:"其事体莫须有(莫须有即或许有、可能有之意)。"韩世忠满腔愤懑地说:"莫须有三字,何以服天下乎!"绍兴十一年十二月,我国历史上著名的民族英雄终以"莫须有"之罪被奸臣秦桧害死于狱中,牺牲时年仅39岁。岳飞被害的消息一经传出,天下人无不认为这是奇冤,为之痛哭流涕。

岳 飞

粉饰太平　遗臭万年

秦桧为巩固自己的权势,进一步控制南宋朝政,屡兴大狱,株连无数。绍兴二十年(1150),曹泳告李光作私史,除李光父子之外,朝臣株连者8人,尽遭贬斥。绍兴二十二年(1152),又兴起王庶二子(王之奇、王之苟)、叶三省、杨炜、袁敏求四大狱,皆因有人诬告他们犯有"诽谤罪"。绍兴二十五年,也就是在他临死之时还在兴起赵令衿之狱,秦桧在他的"一德格天阁"上写下赵鼎、李光、胡铨三人的姓名,"必欲杀之而后已"。实际上这时赵鼎已死,而秦桧却是余恨未消,所以想杀赵鼎之子赵汾以泄心头之恨。因为秦桧对张浚尤为忌恨,所以在他的授意之下,赵令衿之狱也波及张浚,秦桧还命其死党张柄任潭州(今湖南长沙)知州,与郡丞汪召锡共同监视在永州(今湖南零陵)的张浚。最后,他甚至还强迫赵汾诬陷张浚、李光、胡寅等人谋逆之罪,一共株连贤士53人。

秦桧独霸朝政,在政治上表现出了极大的掌控欲,在经济上,也表现出极大的贪欲,大肆聚敛财富。宋高宗封赏其珍宝珠玩不可胜数,还赐给他不少土地。但秦桧还是不满足,他仿效蔡京,借生日之名,行敛财之实。每年光生日的收入就有几十万两。同时,他还公开卖官鬻爵,对百姓横征暴敛,这些在为政者眼中当是人民蛀虫的行为,秦桧看来却再寻常不过。秦桧的家产已远远不是家财万贯、富甲一方所能形容的,甚至几倍于南宋的国库,敛财之多,令人咋舌。

1155年,秦桧兴起赵令衿之狱,准备全部诛杀张浚、李光、胡寅等人,不料尚未如愿自己反倒病入膏肓。后来,其属吏呈上此案的审理奏疏要秦桧过目签字,病重的秦桧竟无法握笔签字。其妻王氏在屏风后见状,赶忙摇手道:"勿劳太师!"出于对张浚等人的仇视,秦桧仍竭尽全力欲落笔批示,终究双手不听使唤,竟致扑倒于茶几之上。绍兴二十五年(1155)十月二十二日,66岁的秦桧因病结束了自己的罪恶生涯。

耶律楚材

耶律楚材(1190—1244),元代杰出的政治家,太祖、睿宗、太宗三朝宰辅。字晋卿。父耶律履,曾任金朝尚书右丞,母杨氏。耶律楚材作为元朝的奠基者之一,其德其才可与许多中原名臣相提并论,更可使同时期的南宋权臣汗颜。他披肝沥胆地为蒙古用兵金、宋和远征西域运筹划策,为元王朝的创建立下了汗马功劳。他呕心沥血地为蒙古立国中原定制度、劝农桑、兴文教,使武功极盛的军事帝国又收文治之效。死后追赠太师、上柱国,追封广宁王(一说懿宁王)。谥号"文正"。

出生乱世 万里西征

耶律楚材的父亲耶律履,是金代的著名学者,在金世宗时任尚书右丞。耶律楚材3岁时,父亲不幸去世,幸得其母杨氏良好的启蒙教育,加上他天资聪慧,自幼勤学苦读、博览群书,待至青年时期,不仅在天文、地理、律历、术数等方面颇有造诣,且深谙儒学,并精于佛道、医卜之说。耶律楚材多才多艺,善抚琴,好吟咏,更精通汉文,写作潇洒自如,而且文思敏捷,下笔成文,出口成章。

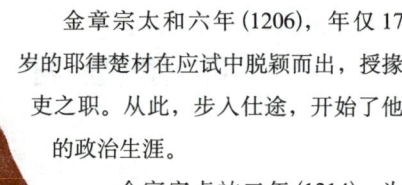

耶律楚材

金章宗太和六年(1206),年仅17岁的耶律楚材在应试中脱颖而出,授掾吏之职。从此,步入仕途,开始了他的政治生涯。

金宣宗贞祐二年(1214),为了逃避蒙古南下的威胁,金主完颜永济把首都迁往南京(今开封),耶律楚材的全家也随同南下,而他本人则被任命为左右司马员外郎,协助金国右丞相完颜承晖留守中都燕京。当时,耶律楚材名义上的职务是分掌尚书省所属六部的日常章奏,实际上只不过是一种寄禄官,并无实际职权,只是白拿钱吃闲饭,不干事。不久,蒙古兵围困燕京,形势越来越紧张。耶律楚材被困城中,绝粮60余日。蒙古太祖十年(1215)五月,城被攻陷。从此,耶律楚材便与金政权和家人失去了联系。

耶律楚材眼看金朝的大势已去,国破家亡,前途渺茫,便"将功名之心束之高阁,"拜万松老人(行秀)为师,学习佛理。此后,耶律楚材杜绝人迹,屏斥家务,专心一意,进行参禅,虽遇大寒大热,也从不间断,焚膏继晷,废寝忘餐,没日没夜地修炼了3年,终于参透了禅理,接受万松老人授予的显诀,成了燕京城中著名的佛教信徒。不过,遁世脱俗并不是他的最高理想,致主泽民才是他的根本志向。他认为,"穷理尽性,莫尚佛法;济世安民,无如儒教。"简单地说,就是"以佛治心,以儒治国"。

蒙古太祖十三年(1218),成吉思汗在南征北战过程中,逐渐感到人才的重要。为了征服战争的继续进行和扩大,他需要各种人才。这时,打听到在他统治下的燕京城中,有个博学多艺的耶律楚材,便派专使前来礼聘。耶律楚材在燕京城中已经3年了,过着隐居的生活,除了礼佛参禅而外,无事可干。这时得知有雄才大略的成吉思汗要召见他,感到是一个图谋进取的好机会,便欣然前往应召。耶律楚材学识渊博,很快受到成吉思汗的宠信,并亲切地称呼他"长胡子"。

蒙古太祖十四年,成吉思汗准备集中精锐之师进行西征,攻打花剌子模国。在西征开始的前一年春天,成吉思汗特地派人到燕京,召请耶律楚材随军西征。耶律楚材慨然上路。成吉思汗西征出师的那天,时值夏六月,却忽然狂风骤起,黑云密布,转瞬间大雪纷飞。成吉思汗顿时心生疑虑,不知吉凶,于是立即把耶律楚材召至帐前,卜问吉凶。耶律楚材巧妙地利用包括成吉思汗在内的蒙古将士对天文、星象知识了解甚少又非常迷信的心理,以及蒙古军人对花剌子模国的行为义愤填膺、誓死雪耻的军心,毅然断言:"隆冬肃杀之气见于盛夏,这正是我主奉天申讨,克敌制胜的好兆头。"耶律楚材一句话吹散成吉思汗心中的疑云,使得成吉思汗转忧为喜。于是成吉思汗发10万大军,离开也儿的失河(今额尔齐斯河),奔西南越过天山,向花剌子模国杀去。

由于成吉思汗谋划有方,加之全军上下同仇敌忾,蒙古军迅速占领了整个花剌子模和中亚。

此次西征大胜,成吉思汗认为与耶律楚材的卜吉有关。从此,凡他出战,总是让耶律楚材随侍身旁,预测吉凶成败,参赞军政大事。耶律楚材也正是利用这种机会,运用自己的文韬武略,阐发自己的真知灼见。

整肃国政　大力改革

蒙古太祖二十二年(1227)的冬天,耶律楚材在经过长达10年之久的西征之后,回到了燕京。

同年七月,成吉思汗病逝,成吉思汗的四子拖雷代理国政。这次,耶律楚材回到燕京,就是奉了拖雷之命,前往搜索经籍的。耶律楚材对图书经籍,素来就很爱好。上一次蒙古军攻下灵武(今属宁夏),诸将争相抢掠子女财币,耶律楚材却只收图书和药材,人们都以为无用。不久,军中流行疾病,耶律楚材所收的药材救活了几万人,人们又惊以为神。大概因此也引起蒙古贵族对图书的重视。燕京是辽金两朝的旧都,图书经籍很多,又是耶律楚材的故乡。派耶律楚材到燕京搜集图书,是最合适不过的。

同时,耶律楚材在燕京又发现那里道教的势力极度膨胀,好多佛

成吉思汗

【十八学士图】卷 局部 〔清〕孙祜周鲲丁观鹏画 中国台北故宫博物院藏

《十八学士图》卷 佚名 [清] 绢本设色 工笔重彩画 中国台北故宫博物院藏

寺都被改为道观。耶律楚材认为都是小人之辈的鼠窃狗盗行为，是严重的违法乱纪，应该处以严刑。他最后表示，应该找一个更为稳妥的办法，使"三圣人"之道，能够像权衡一样，不偏不倚，平等地共同发展，用佛教的"因果之诫化其心"，用道教的"慈俭自然之道化其迹"，用儒家的"君君臣臣父父子子之名教化其身"，太平之世就指日可待了。这当然只是耶律楚材追求的理想，在现实生活中是很难做到的。

当时，蒙古最高统治者忙于东征西讨，对那些业已归顺蒙古的州郡缺乏完善的社会组织和法律制度，因此派往各州郡的长吏，便生杀任情，孥人妻女，掠取货财，兼并田地，无所不为。其中，燕京留后长官石抹咸得卜尤为贪暴，杀人如麻，市场挂满了示众的人头。面对如此混乱的政治局面，耶律楚材万分焦急，立即上奏朝廷颁发律令，各州郡如果没有奉到盖有皇帝玉玺的文书，不得擅自向人民征发，囚犯需判死刑必须上报，违背这项命令的，其罪当死，决不轻饶。律令的陆续颁发，使各地的贪暴虐之风有所收敛，社会秩序也初步安定下来。

当时，燕京城中社会秩序混乱，盗贼猖獗，每天傍晚，尚未天黑，就有一些盗贼驾着牛车闯入富家，搬取财物，如果反抗不与，则杀人劫货而去，谁也不敢阻拦追究。如此明目张胆地为非作歹、杀人越货，看来绝非一般盗贼，这其中必有内幕，于是拖雷特派中使塔察儿偕同耶律楚材前往查治。耶律楚材经过仔细查访，很快便弄清了这些强盗的底细。耶律楚材在掌握了大量证据的基础上,毫不手软,将他们一网打尽,投入监狱。这些人的家属贿赂中使,准备从轻发落。耶律楚材知道后,晓以利害,中使害怕了,只得听从耶律楚材的意见,依法处理,最后结案,将16个罪大恶极的首犯,绑赴刑场,斩首示众。从此以后,巨盗绝迹,燕民始安,社会效果很好。

成吉思汗二十四年,睿宗拖雷已监国两年,按照成吉思汗的遗命,帝位应传位太祖三子窝阔台,但时至今日,拖雷仍没有表现出将要移交权力的任何迹象。汗位虚悬或错置,于国于民都不利。于是,耶律楚材与窝阔台面议,商量尽快召开"库里台大会",决议汗位。

是年秋天,成吉思汗本支亲王、亲族齐集克鲁伦河畔议定汗位的承继人。会议开了40天,仍议而未决。耶律楚材认为此事不可久拖了,便亲自力谏拖雷:"推举大汗,这是宗庙社稷的大计,应该早日确定。"拖雷不好再敷衍下去,这样窝阔台就即了汗位,是为元太宗。

整理赋税　恢复经济

蒙古族是草原游牧民族,正处于氏族社会向阶级社会转化的发展时期。成吉思汗仓促建国,各种制度虽然初具规模,但是极不完善,在许多方面还很落后。随着征服战争的胜利,统治地区的扩大,原来的某些制度和做法,很难适应"汉化"地区高度发达的封建社会的需要,一场涉及政治、经济、文化等各方面的改革,迫在眉睫。窝阔台汗是比较开明的,决心采用"汉法",耶律楚材便成了他重要的参谋和助手。在

元太宗窝阔台

进行政治改革的过程中,耶律楚材提出了许多有益的建议。窝阔台汗言听计从,制订出一系列重要的政策和制度。

窝阔台汗六年灭金之后,蒙古君臣计议编制中原民户,以便征收赋税。经过再三争议,最终还是依照耶律楚材的建议实行赋税的征收。这样,用老、幼牵制着青、壮,使初步编制的户口比较稳定地存在下来。往年,蒙古将相大臣每俘获人户,往往留在自己所经营的州郡作为私产。耶律楚材奏请核查全国户口,使之隶属郡县管理;停止以往实行的将土地人民分给蒙古贵族的做法,禁止贵族匿占民户,违令者杀。

窝阔台汗八年秋,忽都虎献上各地户籍。窝阔台一时忘乎所以,竟许诺把部分州县赐给各亲王和功臣。耶律楚材对此陈述了分封之害:"裂土分民,易生嫌隙。不如多以金帛赠予亲王功臣。"可是窝阔台既已许诺,帝王金口玉言,实难反悔。耶律楚材便为之想了个变通办法:"受封州县的亲王和功臣,可以像朝廷任命的州

县官吏一样，照例征收贡赋，但由州县收入金帛谷物数量，使之不得擅自课征。"窝阔台依计而行，遂确定了财政税收办法及数额。这样，蒙古在以畜牧业为主转向农、牧各业并重的经济轨道时，逐步健全了税收制度，形成了按户、地、丁三者并行课税的制度。耶律楚材还着手制定了手工业、商业和借贷等各项制度。

蒙古灭金后，大批百姓掠为俘虏，但是在返回途中竟然逃跑了八成。窝阔台汗一时气恼下令严查："收留逃民及资给饮食者，皆死。无问城郭保社，一家犯禁，余并连坐。"此令一下，立即引起了广大百姓的惶骇不安，一旦被俘，即便是父子兄弟也不敢相认，逃民无所寄食，多死于道路。耶律楚材对窝阔台汗说："十多年来，我们执行存抚百姓的政策。因为百姓是很有用处呵！现在我们已经统一了中原，他们还能逃到什么地方去呢？岂能因为一个俘虏，便把数十百人连坐处死呢！"窝阔台汗幡然悔悟，马上将禁令解除。不过，当时诸王大臣将校在战争过程中，仍然将大批人民掠为驱口，动以万计。驱口的身份很低，任凭主人驱使买卖，毫无人身自由可言。这不仅是对劳动力的摧残，而且也减少了国家的财政收入。耶律楚材于是奏请下令：凡属驱口"并令为民，匿占者死"。大批驱口被释为民，地位提高了，对发展农业生产当然是有好处的。

蒙古贵族为了获取巨利，曾委托回回商人发放高利贷，年息百分之百，一锭银10年后本利可达1024锭，时称羊羔息,很多人为了还贷以致倾家荡产,甚至家破人亡。耶律楚材奏请:"子母相侔,更不生息,"使高利贷势力稍有抑制。当时政府官员为了增加财政收入,竟然和商人们相互勾结承包了全国的课税、差发,甚至连地基、水利、河泊、桥梁、渡口也承包了。这种把国家财政经济命脉全都交给商人的做法贻害无穷。耶律楚材说:"这是贪利之徒罔上虐下想出来的恶主意,为害甚大,决不能干。"于是奏请窝阔台汗将其罢除。

极诤巧谏 忧国而死

蒙古大汗对耶律楚材的奏议,言听计从者不乏其例,而不听不从者也不胜枚举。有一次,两个道士互争尊长,各立门户,私结党羽。其中一个门派勾结宫中宦官和通事大臣杨惟中,捕捉并虐杀另一门派的道徒。耶律楚材执法严明、不避亲贵,将杨惟中逮捕入狱,关押候审。宦官害怕惟中供出自己,惹火上身,反而向窝阔台控告楚材擅捕大臣。窝阔台一怒之下,竟将耶律楚材关入监牢。不久窝阔台自悔失策,下令释放楚材。耶律楚材拒绝松绑,并进言道:"我是国家大臣,执掌国政,大汗命令囚禁老臣,想来有可治之罪,应当明示百官,论述不赦之理。如今放我,是我无罪,也应明示无罪之由,岂能轻易反反复复,如同儿戏。这样下去,国有大事,何以执行!"一番话使朝中众臣既相顾惊愕,又十分佩服。窝阔台竟也开明,当场认错说道:"朕虽然是皇帝,难道就无过失之举吗?"然后,再三用温言抚慰。楚材趁此机会陈奏时务十策:"信赏罚;正名分;给俸禄;官(任用)功臣;考殿最(考查官吏优劣);均科差(调整赋役);选工匠,务农桑,定土贡;制漕(水)运。"这十件政事切合时务,窝阔台准令悉数施行。

蒙古族自古盛行饮酒之风,窝阔台更是嗜酒如命,每日酣饮,不醉不休。耶律楚材屡谏而窝阔台不听。后来耶律楚材拿着被酒浸泡腐蚀的酒器,启奏说:"酒能腐蚀铁器,何况五脏!"这使窝阔台幡然醒悟。他对着近臣夸赞说:"你们爱君忧国之心,有像'长髯人'的吗?"于是一方面赏赐耶律楚材金帛,一方面下令近臣,每日只能进酒三盅。

元太宗十三年(1241年),窝阔台汗逝世,乃马真皇后称制,宠信奥都剌合蛮,用重贿买通乃马真皇后,得以专政用事,一时权倾内外,不少贵族畏惧其势,争往附之。耶律楚材眼见政事日乱,不忍心撒手不管,只要发现有"不便于民"的事,还是站出来仗义直言,更引起了某些人的不满。一次,乃马真皇后将盖了御宝的空白纸,交给奥都剌合蛮,让他任意填写,擅发政令。耶律楚材知道后说:"天下本来就是先帝的天下。朝廷自有宪章,必须遵守,不按宪章办事,就乱了法,这样的诏令我不敢奉行。"乃马真皇后又下旨:"奥都剌合蛮提出的建议,令史如果不办,断其手。"耶律楚材说:

"国家大事,先帝全都委托老臣处理,令史没有责任。事情如果合理,自然就会奉行,如不可行,死且不避,还怕断手吗?"乃马真皇后听了很不愉快,耶律楚材仍然辩论不已,大声说道:"老臣跟随太祖太宗三十多年,没有做过对不起国家的事,我是无罪的,你总不会把我杀掉。"乃马真皇后听了更加不满,但终因他是先朝勋旧,不好轻易处理,便采取了敬而远之的办法,实际上是排挤他,不让他掌权。

耶律楚材得不到信任,眼见奸邪当道,政事日非,未免忧思伤神。日久天长,耶律楚材终于积愤成疾,于乃马真后三年(1244)抱恨长逝,享年55岁。

张 居 正

张居正(1525 – 1582)，明穆宗、神宗朝内阁首辅。字叔大，号太岳。江陵(今湖北江陵)人。张居正于嘉靖朝中进士。在主持朝政期间，大刀阔斧地改革，整吏治，强边备，改漕运，清土地，裁冗官，行一条鞭法，是中国历史上杰出的改革家。

少年得志　进为首辅

张居正，字叔大，号太岳，明嘉靖四年(1525)五月出生于湖北江陵。

张居正从小就被全家视为掌上明珠，爱护备至。无论是生活和启蒙学习方面，都得到特殊的照顾。由于天资聪颖，5岁时即被送到学校念书，入学后，张居正的天赋更加彰显，加之其学习用功，因此，不到10岁就懂得经书大义，诗词歌赋更是出口成章，信手拈成。

嘉靖十五年(1536)，12岁的张居正才华出众，以童试考中头名秀才，成为名震荆州的小秀才。嘉靖十六年(1537)八月，恰逢三年一度的举人考试，张居正应试未中。嘉靖十九年(1540)，16岁的张居正又参加乡试，此次，张居正终于如愿高中举人。当时的主考官顾璘对张居正说："古人说，大器晚成，此为对中才的说法罢了。而你并非中才,乃是大才。你千万不能以此为满足,再不求进取了。"嘉靖二十六年(1547),张居正23岁时又考中二甲进士,授庶吉士,从此进入官场。

庶吉士只是一种见习的官员,没有实际的政务。而且作为一个新科进士,张居正没有发言权,也左右不了政局半分。但他那时却目睹了内阁大学士夏言与严嵩等人之间的明争暗斗,尤其是严嵩为了取得首辅地位竟然置国家利益于不顾,借收复河套之事陷力主抗蒙的夏言和曾铣于死地。残酷的现实使张居正认清了当时局势的紧张和政治的腐败。

接下来的庚戌之变,让张居正更加认清了朝廷兵备废弛和严嵩误国害民的嘴脸:嘉靖二十九年(庚戌年)六月,蒙古俺答率军攻到明朝北京城下,严嵩阻挠兵部出战,大明10余万兵马眼睁睁看着俺答兵在京郊大肆劫掠8日,竟没有一将一兵出阵发射一箭。俺答兵掠夺够了以后押运着大批男女、牲畜、金帛和财物扬长而去。

庚戌之变,让张居正对严嵩彻底绝望了。但此时严嵩是首辅,张居正深知此时还不能与他决裂,因此表面上仍与严嵩保持一种和谐关系,每次遇到严嵩都给予必要的尊敬。严嵩过生日,他也不忘作几首诗祝贺一番。

明世宗

这时,他已经把目光投向礼部尚书徐阶。在翰林院,徐阶是张居正的老师。嘉靖三十一年,世宗任命徐阶兼东阁大学士,参预机务。徐阶也开始注意张居正了,认为他是个不寻常的年轻人。

嘉靖三十九年,徐阶从少傅晋升为太子太师,张居正也从翰林院编修升为右春坊右中允兼国子监司业。此时的国子监祭酒是新郑人高拱。

严嵩和徐阶的斗争逐渐明朗起来。嘉靖三十七年(1558)三月,刑科给事中吴时来、刑部主事董传策同日上疏弹劾严嵩。前者是徐阶的门生,后者是徐阶的同乡。这次弹劾虽未成功,但世宗对严嵩的态度较前已有改变,他已开始逐渐疏远严嵩了。朝中军政大事也不再让严嵩过问了。1562年五月,御史邹应龙给了严嵩致命一击,在他的弹劾下,严嵩政权倒台了,徐阶进为首辅。不久,徐阶和高拱的对立逐渐尖锐起来。在明争暗斗中,高拱和徐阶相继罢职而去。

隆庆三年(1569)十二月,高拱复入内阁。

隆庆元年(1567)二月,张居正晋升为左侍即兼东阁大学士,入内阁参与机要政务。张居正单凭那套谨慎小心的作风,还是时时感到位置不稳。徐阶离任时曾托张居正照应自己的三个儿子,后来他的三个儿子都因犯事被问罪。在严重的局势下,张居正还是尽力为他们周旋。高拱的心腹们便在这件事上寻找机会,搜求张居正帮助徐阶的动机。

隆庆六年（1672）五月，穆宗中风而亡，皇太子朱翊钧才10岁。这又是一个权力重新更替组合的时期。高拱和张居正的决战就在这个时期展开了。

冯保在这一时期起了重要作用。穆宗在世时，冯保屡次想升任司礼监掌印太监，都因高拱从中作梗而告吹。他现在要报复了，他乘穆宗新丧的机会，在皇后、皇贵妃和张居正之间频繁活动起来。六月十六日，冯保向众臣宣读了皇后、皇贵妃和皇帝的手谕，指陈高拱揽权专政，蔑视幼主，下令革职回乡。

高拱被革职后，文渊阁仅剩下张居正一人独守，他也因此顺理成章地升为首辅。

改革吏治　推行新法

张居正出任内阁首辅后，对朝中空议盛行、不务实事、人浮于事、政令不通的现状很是担忧。他下决心要彻底改革吏治，为其他改革铺平道路。万历元年（1573）十月，张居正上疏请行考察绩效的"考成法"，神宗批准了他的请求。由于考成法赏罚分明，官员们办事的效率大大提高。

随着考成法的实施，张居正决心以推行考成法为中心，使腐败到极点的吏治得以整顿。张居正依据立限考成的三本账，严格控制着从中央到地方的各级官员。每逢考核地方官的"大计"之年，张居正便强调要把那些秉公办事、实心为民的官员列为上考，把那些专靠花言巧语骗取信任的官员列为下考,对于那些吃粮不管事的冗官,尽行裁革。在张居正当政期间,裁革的冗员约占官吏总数的三成。与此同时,张居正又广泛搜罗人才,把那些拥护改革、政绩卓著的官员提拔上来,委以重任。

张居正的改革,先从军事、政治着手,逐渐推向了经济方面。明朝中叶以来,随着土地兼并的发展和吏治的腐败,豪强地主与衙门吏胥相勾结,大量隐瞒土地,逃避税粮,无名征求,多如牛毛,致使民力殚竭,不得安生。为削除这种现象,张居正毅然决定推行"一条鞭法"。他首先在全国大量清查土地,万历十年(1582),全国土地丈量工作基本完成。这次清查出隐占的田地300万顷,达到了预期的目的。虽然执行丈量的官吏有的改用小弓丈量以求田多,有的地方豪强也千方百计进行抵制,致使这一数字不很准确,但毕竟把大地主隐瞒的土地清查出一部分,对他们起了一定的抑制作用。

万历九年(1581),张居正在清丈土地的基础上,在全国范围内实行赋役改革,推行著名的一条鞭法。早在嘉靖年间,潘季驯、海瑞等人就在广东、江南等地推行过一条鞭法,但把一条鞭法推向全国,并使其在中国历史上产生重大影响的却是张居正。

一条鞭法,即是将赋役中的各项名目如杂泛、均徭、力差、银差等合为一种,一律征收银两,并以田赋分担徭役钱,二者有一定比例,或"丁四粮六"(即将徭役钱的十分之六摊入田赋征收),或"丁粮各半"。同时简化征收手续，由地方官直接征收赋役银。

推行一条鞭法时，张居正采取了循序渐进的策略。他在嘉靖、隆庆年间局部地区推行一条鞭法的基础上，于万历四年(1576)先把一条鞭法推行到湖广。当时有人提到一条鞭法的不利，甚至有人说一条鞭法便于官而不便于民。张居正只是说："法令贵在利民，……所以近来拟旨说，如果有利于民，则听任推行，如果不利于民，就不必强行实施。"经过一年的推行，情况有了好转，说一条鞭法不利于民的人只有十之一二了。张居正对一条鞭法更加感到有兴趣，他说："一条鞭法如果真能适宜于人民，何须分什么南方与北方呢？"于是他下令将一条鞭法向更广阔的地域推广，至万历九年(1581)正月，再用诏令通行全国，一条鞭法逐渐成为通行的制度。

一条鞭法的推行，不仅改革了税制，增加了财政收入，而且产生了超出经济之外的深远的影响。

门生发难　死后蒙冤

张居正在改革整顿中得罪了不少人，他们对张居正的改革触及自己的利益十分仇恨，也有的人是因为与张居正政见不和，甚至嫉妒其才能和权力。他们认为张居正以宰相自居，挟天子以令天下，太专权霸道了。这些人都在伺机向张居正发难。

后来,张居正的父亲去世,按旧例他要在家守孝3年,万历帝以"朕全依赖卿,哪能离开朕一日"为由诏令张居正不必回家守制。正在张居正犹豫不决的时候,以吏部尚书张瀚为首的一批张居正的门生却对他刀剑相逼,逼他离阁回家守制。经受了几次门生发难的沉重打击和为父奔丧的长途跋涉,张居正不幸身患重病,卧床不起,经多方医治也不见好转。

张居正自知行将不起,遂连上两疏,恳求万历帝准允致仕归去,以求生还江陵故土,但万历帝始终不准,万历十年(1852)六月二十日,张居正撇下老母去世。终年58岁。

张居正病重期间,明神宗万历皇帝十分伤心,送给他许多珍贵药物和补品,并对他说:"先生于国功劳不能再大了,朕无以报谢,只得日后多照顾你的子孙是了。"张居正病逝后,神宗罢朝数日,并赠他为上柱国,赐谥"文忠"。然而没过几个月,明神宗就变脸了,加上那些在改革中被张居正得罪的人添油加醋地告状,张居正立刻遭到自上而下的批判,万历十一年三月,明神宗诏夺张居正上柱国封号和文忠谥号,并撤销其第四子张简修锦衣卫指挥的职务,还抄了他的家。

但是,张居正的改革业绩有目共睹,不可磨灭。因此,明熹宗天启二年(1622),熹宗帝下诏为张居正平反昭雪,崇祯三年,礼部侍郎罗喻义挺身而出为张居正论冤,崇祯十三年,崇祯皇帝终于下诏恢复张居正长子张敬修官职,并授予张敬修的孙子张同敞为中书舍人。

范 文 程

范文程(1597—1666)，清初太宗及世祖朝大学士。字宪斗，宋朝名臣范仲淹的第十八世孙。崇德元年(1636)，范文程被任命为内秘书院大学士，并被封为二等甲喇章京；清世祖时被提升入镶黄旗；顺治九年(1652)又被提升为一等精奇哈尼番世职，授议政大臣。谥号"文肃"。

投身太祖　　出谋划策

范文程出身于明朝官宦之家，其曾祖父范锪是明正德年间进士，明嘉靖时官至兵部尚书，其祖父范沉，曾任明沈阳卫指挥同知。尽管其父亲范楠终身未仕，却丝毫没有减损范氏名门的风采。这种风采更来自范文程的先祖——宋朝名臣范仲淹，因此格外引人注目。

范文程天资聪颖，勤奋好学，对儒家经典十分精熟，尤其喜爱历史。范文程18岁时与其兄范文采同时考取沈阳县学秀才，为范氏家族平添了一份荣光。

后金天命二年(1618)，努尔哈赤公开与明朝决裂，其斗争锋芒直接指向明王朝。是年四月，努尔哈赤召集部下，以"七大恨"为口实向明朝发起进攻，兵占抚顺、东州、马根丹三城及台堡500余处，所到之处纵兵掳掠。

这一年,范文程年仅21岁。当努尔哈赤攻陷抚顺之际,血气方刚的范文程"仗剑谒军门",自愿投效后金政权。努尔哈赤见范文程身材健硕、气宇不凡,心中大喜,随即询问其家世,范文程如实说出。听完范文程的陈述,努尔哈赤又问及天下军国大事,范文程对答如流,深得赞许。努尔哈赤当即收留范文程,并告诫手下人:"此人是名臣之后,你们都要好好的对待他。"范文程从此追随努尔哈赤左右,并参与了攻打辽阳、三岔、西平、广宁诸战役的策划。

天命十一年(1626),一代英杰努尔哈赤去世,皇太极继承后金汗位,将次年改称天聪元年。皇太极即位后范文程进一步得到重用,随侍在皇太极左右。天聪三年(1629)皇太极伐明,范文程随行。他追随皇太极征战四方,入蓟门,克遵化,招服潘家口等五城。在大安战役和遵化保卫战中,范文程勇敢杀敌,论功授三等轻车都尉世职。

天聪三年冬,皇太极兵抵北京,明宁远巡抚袁崇焕、锦州总兵祖大寿奉谕护驾,双方在城郊大战数百回合,不分胜负。面对这种拉锯战的形势,范文程建议皇太极使用反间计,使狐疑满腹的明崇祯皇帝相信袁崇焕与清兵暗中勾结。此计果然灵验,袁崇焕迅即

清太祖努尔哈赤

被捕,冤死狱中。袁崇焕之死使祖大寿惶惶不可终日,慌忙逃回锦州大本营。范文程的反间计不仅使清兵从容退出关外,而且巧妙地借刀杀人,为皇太极铲除了一位难以对付的明朝大将。皇太极从此对范文程另眼相待,命其参与帷幄,成为不离左右的重要谋士。是年,范文程33岁。

天聪六年(1632),皇太极远征察哈尔。待大军行至归化(今呼和浩特),方知林丹汗早已逃遁,留给皇太极的只是一座空城。时值盛夏,酷热难当,数万将士以及战马面临断水之灾。范文程等人上疏皇太极,指出惟有进攻明军方为上策,但表面上必须以议和为借口,以10日为限,背地里做好军事准备。明朝方面肯定会断然回绝,议和限期一到,马上发动大规模进攻,以壮军威。皇太极依计而行,饱掠而返。

崇德三年(1636),皇太极改弘文馆为内二院。任命范文程为内秘书院大学士并封为二等甲喇章京。此后,凡军国机密大事,皇太极都召范文程入宫商议。皇太极性格暴躁,许多王公大臣动辄遭到训斥或革职,但唯独对范文程礼遇有加,宠信不已。

力主入关　创制安民

崇德八年(1643),皇太极去世,其子顺治帝福临即位,是为清世宗。顺治即位后不久,便将范文程家族提升入镶黄旗,以显其尊。

顺治元年(1644)三月,李自成率领农民军开始进军北京。范文程得到传闻立即上书摄政王多尔衮,请求伐明以夺取中原天下。李自成农民军攻入北京,崇祯帝自缢。明朝灭亡的消息传到清王朝时,范文程还正在盖州温泉养病,多尔衮快马将其立即召回。范文程一到就对摄政王说,李自成涂炭中原,杀君灭后,清军应代天讨伐,拯救明朝百姓于水火之中

范文程的决策性大计很快得到了多尔衮和清廷的首肯。四月初九日,多尔衮率领大军直扑山海关,范文程抱病随行。四月十三日,清军前锋渡过辽河,明山海关总兵吴三桂投书乞降。范文程告诫多尔衮,当务之急必须借助吴三桂的力量打败李自成,否则定鼎北京无望。于是,清王朝接受了吴三桂的请降。

四月二十二日,多尔衮与吴三桂在山海关联手大败李自成军,然后马不停蹄向北京方向掩杀而去。在进军途中,范文程草拟文告,声称"义兵之来,为尔等复君父仇,所诛者惟闯贼。师律素严,必不汝害"。清廷也借重范文程的声望,所有文檄皆署文程官阶姓名,四处张贴,以收民心。

清军进入北京之后,百废待兴。"畿甸甫平,挞伐四出,文武甲兵,事无巨细,咸公综理之,案牍填委,昼夜立阙下,并观兼听,剖决如流",充分显示出范文程全面的治国才干和清廷对他的器重。为了迅速稳定局

势,范文程协助多尔衮颁布了一系列得力措施:为明崇祯皇帝隆重发丧;严禁清兵抢劫,对市棍地痞将所掠宫中财物列市叫卖予以取缔;禁止平民百姓以"搜捕逆贼"为名相互讦告;任用明朝的大批降官;广开言路,征求人才。此外,范文程还建议减轻了明朝末年繁重的赋税,并倡导历经战乱的省份开荒垦田、恢复生产。

顺治七年(1650)十二月,多尔衮去世,福临亲政。一次,福临与范文程探讨治国之道,范文程强调说,君明臣良,行善合天,必须实行顺乎民心的政策。他尤为注重财政问题,建议广兴屯田,奖励垦植,恢复濒于崩溃的农业生产。认为此举既可招抚流民,稳定社会秩序,又可制民之产,充实国库,以备荒馑所需。范文程的屯田等建议,多被福临欣然采纳,成为清廷正式颁行的国家政策。

恪尽职守 恩遇益隆

清兵攻占北京之后,范文程建议清廷照旧录用明朝各衙门官员使他们在京内阁、六部、都察院等衙门都以原官同满官一起办公。这一举措既可以在新旧交替的战争环境中维持国家机器的正常运转,又可以笼络、安抚一大批故明官员,使其效忠清廷。当时,故明尚书倪元璐的家属上书范文程,要求扶丧南归。范文程"立遣骑持令箭送至张湾,于是殉难诸臣之丧,多次第南归"。

范文程以礼相待的宽柔行为,赢得了汉族士族阶级的普遍好感。

在如何选拔国家官员的问题上,范文程上书清廷,提出了四项标准,即"不论满汉,不拘资格,不计亲疏,取正直才守之人",这些重要的建议,顺治帝颇为首肯,多被采纳施行。范文程特别重视开科取士,争取汉族知识分子对清王朝的支持。

范文程对那些敢于直言、秉公执法的臣僚颇为关注。如当时的著名谏臣魏象枢,常在朝中"与诸大臣抗辩是非",因而往往遭到权贵们的敌视。但范文程很赏识他,说:"直哉,此我国家任事之臣也。"所以,后来的大学士李蔚称道范文程"培养人才,保护善类,尤为注意"。

顺治帝勤于政事,曾多次到内院视察,并就有关事情询问诸大臣。每次范文程都因为率先回奏而受到嘉奖。有一年端午节,其他大臣都休假在家,只有范文程一人值班。顺治帝看后十分感动,对他说:"借此节日一图安乐,人之常情。卿工独不休,以国事为重,诚国之重臣也。"范文程借这个机会,又向皇帝说道:"君明臣良,必相互督促,始能承天意,尽国事。"顺治帝说:"自今以后,我有过必改,卿也应勤加提醒,毋忘其责。"

顺治十一年(1654)八月,顺治帝特加范文程荣衔太子太保。范文程上疏辞谢,同时自陈年老多病,乞求辞官休养。九月,顺治帝特降旨挽留并晋范文程为太子太师。不久,接受了他的辞呈。顺治帝因范文程是历经三朝的旧臣,有大功于国家,对他礼遇甚厚。范文程患病时,顺治帝不仅亲去探视,还亲自为其选药,并命画工到其家为他画像,藏之于宫内。至于赏赐御用之物更是数不胜数。因范文程身材高大,顺治帝为此曾多次命人为其特制衣服鞋帽。

康熙帝即位之后,范文程曾受命回沈阳祭告太宗皇太极的陵墓。范文程想起与太宗朝夕与共,哀痛不已,从此一病不起。康熙五年(1666)八月,范文程去世,终年70岁。康熙皇帝亲自为其撰写了祭文,并遣礼部侍郎亲去祭祀,赐葬在怀柔红螺山,立碑记绩,并赐御书匾额"元辅高风"。

李 光 地

李光地(1642 — 1718),清康熙朝大学士。字晋卿,号厚庵。福建安溪人。

献策平乱　荐贤收台

李光地生于小康之家的书香门弟,清初战乱中家道中落。顺治十二年(1655)李光地14岁时,全家11人一起陷于贼手,一年后被其叔父营救得脱。康熙九年(1670),李光地中进士,选为翰林院庶吉士,命学满文。康熙十一年授编修,一年后准其离职回乡。

康熙十三年(1674),耿精忠在福州叛乱,在家乡的李光地表面应付叛军,暗地里为清廷打探军情。康熙十四年(1675)五月,李光地通过对耿精忠、郑锦军事形势的仔细分析,向康熙帝进蜡丸密疏,提供破耿、郑的妙策,密疏指出:福建疆域窄小,自从耿、郑两军割据以来,勒索人民敲骨吸髓,致使民力已尽。敌军粮尽兵疲,已呈穷途末路之势。南下清军应抓住时机急攻,不宜拖延时日,以致夜长梦多,生出变故。当时,耿精忠大军聚集在仙霞关、杉关一线,郑锦的主力集中于漳州、潮州地区,只有汀州通往赣州的小路防守薄弱。他建议挑选精兵万人,利用敌军防守的薄弱环节,以开往广东为名，由赣州直抵汀州，七八天就可以到达。耿、郑想派兵救援，最快也要一个月才能赶到，那时清朝大军已进入福建了。"避实击虚，迅雷不及掩耳"，定可获胜。汀州小路崎岖，应以乡兵、步兵、马兵为序，以保万无一失。敌军主力都在前线，内地空虚，清军如果深入内地，则各路敌军不战自溃。他建议康熙帝命令带兵将帅侦察虚实，随机应变，以求速胜。康熙帝得到密疏后，深为感动，连称李光地"真忠臣也"！他将密信交给兵部和领兵大臣们参考。后来由于军情变化，清军无法进兵汀州，康亲王杰书只得出兵衢州，攻克仙霞关，收建宁、延平，耿精忠投降。清军进驻福州，都统拉哈达等率军讨伐郑锦，并寻找李光地的下落。康熙十六年，清军收复泉州，李光地到漳州拜见拉哈达，康亲王得知后，上书康熙帝，称赞李光地"忠贞为国，颠沛流离，矢志不移"，应该给予褒扬。当年三月，朝廷破格提拔李光地为待翰林院读学士。

康熙十七年(1678)，漳浦人蔡寅率众数万（头裹白巾，号称"白头军"），兵围安溪。当时李光地因父丧在家守孝，他出面招集乡兵，拒险抵抗义军的攻击。他威胁各乡百姓，如果私自资助义军粮饷便是贼，必定移兵先行翦灭。在他的威胁下，各乡百姓没有人敢

清·康熙帝

帮助义军。蔡寅的白头军在内无粮饷、外受追击的情况下，被迫前往投奔郑锦。此时，郑锦的名将刘国轩连克海澄、漳平各县，控制了万安、江东二桥，兵锋直指泉州，泉州告急。李光地秘密派其使者从水道潜入泉州城，向守城清军出示宁海将军的印信绢书，让他们坚守城池，等待援兵的到来。随后，李光地亲自动手，为清军筹措粮饷，备足犒师物品，前往躬迎清军。不久，泉州转危为安。这次又让康熙帝感动不已，称赞李光地"矢志灭贼，实心为国"，并提拔他为翰林院学士。

康熙十九年(1680)七月，李光地服孝期满返京，升任内阁学士。这时，李光地认为收复台湾的条件已趋成熟，他向康熙帝建议：郑锦死后，其子郑克塽年幼，部下骄纵，争权夺利，人民不堪忍受郑氏政权的残暴统治，盼望统一。应抓住这个时机，迅速出兵，一定能克敌制胜。康熙帝召集众臣廷议，诸臣都认为海洋遥远险恶，风涛不测，很难保证长驱制胜，万无一失。福建水师提督甚至上《三难六不可疏》加以阻挠。李光地仍不愿放弃，力主机不可失，应赶紧进取。次年，康熙帝下定决心，力排众议，命李光地推荐收复台湾的主帅。李光地认为只有大臣施琅能胜任此重任。康熙问其中缘由。他说：施琅全家都被郑氏所杀，这样的血海深仇，他一定会刻骨铭心；而且众将之中只有施琅最熟悉海上情势他智勇兼备，无人可比。郑氏所害怕的，就唯独这一个人，用他任主帅，则在气势上已占了优势。李光地又说：澎水。同年十一月，李光地稍愈后，赴畅春园叩谢。康熙帝命人在园中备馆设帐，亲自察看李光地的病患之处，好言安慰。二人议商国事，倾心交谈。李光地退出后，康熙仍然放心不下，再三叮咛他要谨防寒气。康熙帝的亲切关怀和信任，使李光地深为感动，愈加奋勉，继续抱病任职。康熙五十二年(1713)三月，康熙帝赐给他"夹辅高风"和"庶事惟康勒股肱"的匾联。这年十一月，康熙帝说他与李光地"义虽君臣，情同朋友"，拳拳于眷恋之情。康熙五十四年(1715)六月，李光地称其妻久丧未葬，再次上疏请求退休，康熙给假两年。李光地辞行时，康熙帝赐给他"谟明弼谐"匾字，并说这四个字久藏心中，原想等他80寿辰时以这四个字为他祝寿，现在提前赐给他。康熙帝为李光地做的饯行诗，更是情深意切，他还让王公大臣们步其韵和诗，临别赠给李光地。

李光地回乡不到半年，康熙帝就常常思念他。康熙五十六年(1717)二月，康熙密旨将李光地召回朝中。李光地还朝后，以其多病之躯，倾心尽职。

然而，李光地在立皇太子的事情上却违背了康熙帝的心意，他认为皇子中惟独允禩最为贤明。当时有些大臣因此而被削职重惩，但康熙帝独对他非常谅解，好言相慰。康熙五十六年五月，李光地因疝疾突发，死于任所，终年77岁。

张 廷 玉

张廷玉(1627－1755)，清雍正、乾隆朝大学士。字衡臣，号砚斋。安徽桐城人，历经康熙、雍正、乾隆三朝，颇得皇帝宠信，死后配享太庙，谥号"文和"。

张廷玉出生于京城，其父是大学士、翰林学院编修张英。张廷玉从小天资聪颖，自幼勤奋好学，博闻强记。良好的家庭环境满足了他对学识的渴求，但美中不足的是，张廷玉幼时体弱多病，步行一里多路就气喘吁吁，疲惫不支，父母都为他的身体而忧虑。张廷玉想方设法改善自己的身体状况，坚持每天早睡早起，早上起来除了晨读就是锻炼身体；饮食定时定量；清心寡欲，坚持不怠。至康熙三十九年(1700)，他28岁中进士时，身体已经比较壮实了。后来他入值南书房，公务繁忙，早出晚归；又先后10多次扈从皇上北出塞外，曾100余日不离鞍马，饮食失节，他都能轻松地挺过来而不觉疲劳和不适。

张廷玉

张廷玉中进士后，初授庶吉

士,在其后的20年里,他的仕途坦荡,一帆风顺。他曾先后出任检讨、日讲起居注官、司经局洗马、右庶子、侍讲学士、内阁学士和经筵讲官,直至康熙五十九年(1720),又被授予刑部右侍郎官职。

在任刑部侍郎期间,张廷玉处理了一件大案。1720年,山东盐贩王美公等人纠合了一批无赖之徒,倡立民间宗教,率众打家劫舍,烧杀抢掠,横行无忌,导致南北交通要道被他们阻断。同时期,青州地区也发生类似事件。清廷以为是汉族人民的反清运动,十分震惊,令巡抚李树德等文武大僚全力剿捕,共捕获150余人。康熙帝命张廷玉与学士登德前往山东共同勘治。临行前康熙帝对他们说:"奸民聚众生事,妄自称名称号,图谋不轨,你们审讯清楚后,该杀头的立即在济南正法,该发配边疆的迅速发遣。"张廷玉至山东后立即升堂审讯犯人,仔细审察犯人供词及与案情有关材料,终于对事件的经过有了大致了解。他说:"这件事只能判作盗案,而不是反叛案。盗贼们自称'仁义王'、'义勇王',不过是市井之徒的绰号罢了,没有必要深究。"于是张廷玉就按盗案了结此案,斩首7人,发配35人,18人用了肉刑,其他由于残废、疾病而免于刑事处分的有72人,无罪释放25人。当初审问时,盗魁供出党羽2000余人,张廷玉考虑到罪在首恶,只就按察使捕送来的150余人审讯结案,不牵连其他人。张廷玉将此案完满处理后,受到康熙帝的称赞,第二年就将他调为吏部侍郎。而时人也因此案而称颂张廷玉为人仁慈宽厚。

雍正帝即位后,对张廷玉格外赏识。雍正元年(1723)初,命为皇子师傅,擢礼部尚书,不久,又授翰林学院掌院学士、户部尚书。此外还被任命为纂修《明史》总裁官之。雍正三年(1725),张廷玉署理大学士,次年实授,雍正七年(1729),清廷设立"军机处",张廷玉是第一批充任此职的大臣。

张廷玉入军机处后,办事更加周敏勤慎,成为雍正帝所倚重的重臣。雍正为奖励张廷玉的辅弼之功,赐予他一等阿达哈哈番,可世袭。雍正十一年(1733),张廷玉又上疏请求校正刑部弊端。清代各省处理罪犯的方式是:对犯人按犯罪程度不同而区别对待,犯重罪者收禁关押,犯轻罪者可找保人担保释放。但是清朝刑部却没有采取这一合理方法,不论犯罪轻、重,罪犯主从,一律收禁,使一些无辜者或犯轻罪者遭到不应有的或过重的惩罚。张廷玉建议仿照各行省的办法,让轻罪犯人找保人,分别释放。刑部官员在判案时,引用律例常常断章取义,只根据其中寥寥数语就给犯人定罪,有的官员甚至生搬硬套律书上的案例来裁定案犯。这样做的结果便是使裁决和实际犯罪情况不相符合,甚至出入甚远,罪刑轻重失度,冤假错案层出不穷。张廷玉觉察到了这种办案方式的不良后果后,就上奏雍正帝,指陈其各种弊病,建议让都察院、大理寺驳正冤错案件,刑部办案草率不负责任者,应给予处分。张廷玉对于刑部的这两

【十八学士图】卷 局部 [清] 孙祜周鲲丁观鹏画 中国台北故宫博物院藏

【十八学士图】 姜 晨辭〔清〕 绢本设色图工艺繪画 中国台北故宫博物院藏 78-7

项提议都得到雍正帝的赞同,下令让九卿们议定执行。

雍正十三年(1735),雍正帝病重,命张廷玉和鄂尔泰等人为顾命大臣。雍正帝在遗诏中说:张廷玉器量纯全,竭诚供职,死后可配享太庙。这是大臣享受的最高荣典。

张廷玉在雍正朝始终深受恩宠,乾隆朝的最初几年也颇得乾隆帝的宠信。如乾隆元年(1736),晋升为三等子爵,乾隆三年初,封世袭三等伯,第二年加太保。不过,其后却日渐失宠。乾隆六年(1741),刘统勋疏称张廷玉桐城亲朋登仕者过众,曾几次受告诫他应谨饬此事。乾隆八年,朝廷免其伯爵世袭。由于年事渐高,张廷玉一再乞休,皇上以其既奉遗命配享太庙,当于任上鞠躬尽瘁,死而后已,故未恩准。乾隆十五年(1750)一月一日,乾隆帝终于准张廷玉致仕之请,命待来春离京。一月十六日,张廷玉奏请陛下应对时,对身后是否能配享一事颇有疑虑,乞皇上一言为券。皇帝为释其疑虑,特颁手诏并制诗示意。一月十九日,张廷玉本应入宫谢恩,因风雪交加而遣子代往。乾隆原已对张廷玉的公然不信任感到不快,顿时怒不可遏、大发雷霆。次日,张廷玉诣阙为前日的失礼举动谢罪,乾隆帝责怪大学士泄漏消息,并责张廷玉虚假。几天后乾隆帝削去张廷玉4个月前晋封的勤宣伯爵位,同时宣谕:张廷玉虽实不当配享,仍准其所请。同年中,张廷玉请离京,适值几天前有皇长子之丧,乾隆因而诏责其不合礼仪并收回配享成命。张廷玉仅以原任大学士头衔返回故里。

张廷玉生性淡泊,没有声色玩好的嗜欲,退休回乡后,生活恬淡自适,常常手持书本安坐书房,忘却了俗世的存在。乾隆二十年(1755)三月,张廷玉逝世,乾隆帝遵雍正帝遗诏,命将张廷玉配享太庙,赐祭葬,谥号"文和"。

刘　墉

刘墉（1720－1805年），清乾隆朝内阁大学士。字崇如，号静庵、石庵。山东诸城人。大学士刘统勋之子，是乾隆帝所倚重的股肱大臣。刘墉为官清廉，为人正直，生活节俭，遵守礼法，可谓一代名臣。谥号"文清"。

翰林出身　为官清廉

山东诸城刘氏家族是当时的名门望族，通过科举走上仕途的人很多。刘墉父亲刘统勋。是当朝的大学士，这就使刘墉一出生便受到了良好的教育。

刘墉自幼聪明好学，而天生驼背，故有罗锅子的绰号。刘墉虽多才多艺，博通古今，但入仕较晚。乾隆十六年中进士，获选庶吉士。据说当时刘墉的考卷曾被选为前10名，准备由乾隆帝圈为状元，后因乾隆帝反对而改为吴鸿。

乾隆二十年(1755)，因为父亲刘统勋办理军务失宜获罪下狱，刘墉遭株连被革职，与诸兄弟一起下狱，后外放做官。此后历任安徽学政、江苏学政，因表现优异得到乾隆皇帝的赏识，擢山西太原知府。刘墉不负重托，到任后不几天便将前任遗留下的疑难案件审理一清，受

刘 墉

到官民的一致称赞。正当刘墉以政绩迁冀宁道时,前任山西阳曲县知县段成功亏空案发,刘墉以失察罪革职拟死,后朝廷下诏,免于一死,发伊犁军台效力。乾隆三十二年(1767)释还,命其在武英殿(即皇家修书处)行走。

乾隆三十四年(1769),刘墉出任江南省府江宁知府,这一年多的时间是刘墉一生最负盛名的时期,他勤奋公正、刚直不阿、疾恶如仇、摧折豪强,打击奸徒不遗余力,因而深得人们的赞誉。

乾隆四十五年春天刘墉升任湖南巡抚,到任不久即遇上武冈等地遭受水灾,他积极组织抗灾救助活动,在一年半的时间里,他做了不少有益的工作:盘查仓库,勘修城垣,革除陋习,筹办仓谷,开采峒硝等等。

刘墉为人正直,生活节俭,遵守礼法,在当时享有较高的声誉,他虽未曾公开弹劾和珅的专横跋扈、胡作非为,但在吏治方面他却敢于直率地反对和珅。乾隆四十七年刘墉担任都察院左都御史不久即遇上御史钱沣弹劾和珅的亲信、山东巡抚国泰等人婪索亏空一事,他和和珅、钱沣受命前往查办。由于刘墉积极协助钱沣,终使案情大白,国泰等人受到应有的处分。

浓墨宰相　屡遭严谴

山东亏空案的查处，令和珅极为恼火，这也使得他与刘墉从此结上仇怨。此后两人不时有龃龉，当然，遭受和珅的打击报复也就在所难免。

后来，受和珅的挑拨，乾隆对刘墉心生芥蒂。乾隆五十二年(1787)初，刘墉因为漏泄自己和乾隆帝关于嵇璜、曹文埴的谈话内容，不仅受到申饬，而且失去了本应获授的大学士一职。

乾隆五十三年(1788)夏天，刘墉兼理国子监，发生乡试预选考试中诸生馈送堂官的事，被御史祝德麟弹劾，结果受到处分。乾隆五十四年二月底至三月初，负责皇子教育的上书房诸师傅因为连天阴雨没有入值，乾隆皇帝得知这一情况，大发雷霆，刘墉作为上书房总师傅，负有主要责任，降为侍郎衔，不再兼职南书房。乾隆皇帝为此还专门下了一道上谕，责斥刘墉不能尽职，过失甚大。

乾隆五十八年(1793)，刘墉为当年会试主考官。因为安排失当，阅卷草率，违制和不合格的卷子很多。按规定，刘墉等至少要罚俸10余年。乾隆皇帝虽然做了宽大处理，但对刘墉严厉饬责。

嘉庆元年(1796)，因为大学士一职空缺多时，破格增补户部尚书董诰为大学士，而资历更深的刘墉被排斥在外。而且上谕又一次批评刘墉"向来不肯实心任事",只是以模棱两可之词敷衍塞责。要他"扪心内省,益加愧励"。直至嘉庆二年(1797),才授刘墉体仁阁大学士,但仍旧指责他"向来不肯实心任事,行走颇懒",并说"兹以无人,擢升此任"。

刘墉不仅是一位廉洁耿直的政治家,同时,他还是一个才华横溢、学有专攻的著名学者。

正因为刘墉如此学识渊博、经学根底深厚,在"稽古右文"、乾隆帝弘扬传统文化的时候,他多次被任命主持编纂官修典籍的工作。乾隆四十一年(1776)九月,刘墉出任《四库全书》馆副总裁职务,完了又主持修订《西域图志》和《日下旧闻考》。乾隆四十六年(1782)三月,任职《三通》馆总裁。乾隆五十一年(1786),出任《玉牒》馆副总裁。其间,还多次与诸皇子一起点校《珠林秘笈》等宫中秘籍。嘉庆六年(1801)十一月,出任《会典》馆总裁。

嘉庆九年(1804),刘墉病逝,享年85岁。谥"文清"赠太子太保,配享贤良祠。

刘墉擅书法,海内闻名。其书法用墨饱满、浑厚端庄、浓墨字肥、遒劲有力,时有"浓墨宰相"的美称。其大量墨迹,至今犹存。其中部分曾由嘉庆帝赏予刘墉之侄刘镮之收藏,并以《爱清堂石刻》题名刻印刊行。

曾 国 藩

曾国藩(1811－1872),清同治朝大学士。字伯涵,号涤生。湖南湘乡人。曾国藩是清朝后期名臣,文武兼备,为官清正,多有建树,尤以训练湘军、剿灭太平军最为突出,且有不少著述传世。曾国藩以其才能和人品被视为人臣楷模。谥"文正"。

科举出身　组建湘军

曾国藩出生于一个农民家庭,父亲曾麟生为县学生,以孝闻名。曾国藩6岁入塾读书,8岁随父学五经,读八股文,14岁赴长沙应童子试,成绩颇佳。

欧阳沧溟到他家做客,当堂以"共登青云梯"为题试国藩,诗成甚为欣赏,即以女许字定亲。曾国藩20岁到衡阳跟著名儒生汪觉庵学习一年,后回本县涟滨书院就学。

道光十二年(1832)考取秀才,当时22岁。同年十二月成婚。两年后就学于长沙岳麓书院。书院山长欧阳坦斋,赏识曾国藩诗文,认为终成大器。同年应乡试中举人。次年入京会试,未中。于是作江南之游。在金陵借资购二十三史,回家后早晚攻读。

道光十八年(1838),28岁的曾国藩再次进京参加会试,得中进士。

自道光十九年至咸丰二年(1839－1852)，10余年间曾国藩都在京供职。清沿明制，凡进士再经朝考(有皇帝和大臣参加的殿廷考试)，可录取为庶吉士。庶吉士入庶常馆学习，优秀者则选入翰林院任编修、检讨等官。曾国藩经朝考取为庶吉士，进入庶常馆。道光二十年(1840)散馆，授翰林院检讨。道光二十三年(1843)升为侍讲，六月主持四川乡试。道光二十四年(1844)转为侍读。道光二十五年(1845)三月，充会试同考官，五迁詹事府，九月升翰林院侍讲学士。道光二十六年(1846)，充文渊阁直阁士，次年升内阁学士兼礼部侍郎衔，时年37岁。道光二十八年(1848)任稽察中书科事务。道光二十九年(1849)升礼部右侍郎，八月署理兵部左侍郎。三十年道光帝死，咸丰帝即位。

咸丰帝继位后，下旨群臣就如何重振朝纲详议具奏。曾国藩在咸丰元年(1851)、二年(1852)连续上呈了四个奏折：《应诏陈言疏》中提出天下有三大患及解决办法，即人才、财用、兵力三大问题，认为解决人才问题是关键所在。但清廷态度漠然，曾国藩不由得深为失望。这时正好派他前往江西主持乡试，随即悄然南下。到太湖小池驿时，得讯母亲亡故。即星夜奔回家乡，丁母忧(清代制度，父母亡，准离职守孝，称丁忧)守制。到武汉时，湖北巡抚常大醇来吊唁，告以长沙正被太平

曾国藩

军围攻,方知太平军已入湖南。他绕道抵家,湘乡正谣言四起,人心惶惶。曾国藩极力安抚乡亲,并提出自卫办法。

解长沙之围后,曾国藩奉谕组建湖南乡勇进行自卫。不久,咸丰帝谕令在江南北在籍官绅组织地方武装进行自卫。曾国藩受命会同湖南巡抚张亮基办理团练。

先是湘乡儒生罗泽南,受知县委托,招募乡人千名,加以训练,以防卫县城,号称湘勇。曾国藩与罗泽南同为儒教信徒,素相钦慕。于是就以湘勇为基干,曾国藩又亲自招募扩展,统一加以编练,遂成湘军。数日之后,曾国藩接受江忠源和郭嵩焘的建议,建造炮舰,训练水军。曾国藩编练出一支所谓"诸将一心,士兵一气"的湘军,在晚清可谓异军突起。

镇压义军　功高封侯

咸丰三年(1853),太平军攻占南京后,开始向两个主要战场进军:一向华北进军,另外西进安徽、江西及湖北。顿时,各方求援告急的文书纷沓而至。由于大部分湘军已驰援江西,而"水军"又在筹建之中,确实已无他力救援湖北。如此一来使得太平军迅速越过湖北扑向湖南,面对大兵压境,曾国藩于咸丰四年二月二十五日动用新建水师240艘船只及5000水军仓促应战,然而由于暴风雨的袭击,船舰无法行动,加之军队缺乏水战的经验,致使曾国藩在湖南两次败北,一在岳州,一在靖港。一次次的惨败令曾国藩无比的羞愧和愤慨,巨大的压力竟让他产生了以死谢国的念头。幸而其他几路清军获胜,曾国藩后来也在田家镇获得大捷,北伐的太平军才被阻止。

咸丰五年,曾国藩命水军南下九江,不料却遭到太平军将领林启容部的顽强阻击。曾国藩的一部分水军被太平军困于鄱阳湖,在长江的另一部湘军水军被太平军击败,甚至曾国藩的座舰亦为太平军俘获,余下的舰只又大多毁于一场风暴之中。由于连遭失利,曾国藩部士气低落。曾国藩为此心灰意冷,再次投水自杀,但被人救起。咸丰五年四月三日,太平军为削弱清军对九江之攻击,第三次攻占武昌。但曾国藩不顾武昌失守,命塔齐布继续攻打九江,另派罗泽南及胡林翼前往攻取武昌,而自己则坐镇南昌,吸引太平军主力。不久,塔齐布及罗泽南双双战死,曾国藩自己也遭到太平军无敌将领石达开的侵扰,几乎面临绝境。幸亏曾国藩早有预见,遇事沉着,善于应付意外,加之知人善用,胡林翼与李续宾终于在咸丰六年十二月十九日最后一次收复武昌。由于彭玉麟的协同作战,曾国藩之弟曾国荃又率军自湖南来援,曾国藩在南昌之困境,得以缓和。

咸丰七年(1857)二月二十七日,曾国藩的父亲逝世,曾暂时离职奔丧。但是,他的那些才干出众的部将们按照他的计划,于咸丰八年五月十九日收复九江。然后进攻安庆,以便最后收复南京。咸丰十年,曾国藩被授任两江总督,加授钦差大臣统领江南军事。至此,他已拥有处理军务的全权,其中包括筹集军饷等财政大权。

咸丰十年至十一年间,曾国藩的处境又转入艰难。咸丰十一年四月,曾国藩所处困境达于极点,但他下定决心誓死不退。直到左宗棠及其他部队增援祁门,形势才开始好转,曾国藩的弟弟曾国荃终于在咸丰十一年九月五日攻占安庆。此后,曾国藩即以安庆为基地,准备收复南京。为避免在南京一线集结过多的军队,以防止太平军趁机夺取清军后方地盘,曾国藩建立起三个战区:一在江苏,由李鸿章统辖;二在浙江,由左宗棠统辖;三在安徽,由他自己统辖。清军在这三个地区频频对太平军发动攻击,各地的太平军逐渐被围困,此时,曾国荃亲自请愿攻取南京,经过长期围困及殊死战斗,曾国荃于同治三年(1864)七月十六日攻克南京。两年后,太平军余部彻底失败。

太平天国虽被镇压,但北方捻军势力却迅速发展起来。捻军原为捻党转化而来的北方农民起义军。("捻"原是淮北方言,一捻即为一伙或一帮的意思。)成员主要是贫苦农民、手工业工人以及游民。发源于康熙年间淮北一带,初为结捻贩运私盐,后发展为劫富济贫,人称捻子或捻党。小捻数十人,大捻数百人不等。在太平天国影响下,他们遂联合起来进行反清斗争。陈玉成于安庆失陷后,派出部将陈得才、赖文光等率军3万,北上联合捻军,从而使捻军在组织、思想、战略战术上都得到提高。并且"易步为骑",声东击西,取得一系列胜利。清军"剿捻"统帅僧格林沁也被捻军击毙。

清朝政府原想任用满清贵族首领来剿灭捻军,以恢复满蒙在军事上的威望。僧格林沁的突然毙命使得清朝政府只好又请曾国藩出马。同治四年(1865)五月,曾国藩率军出征。他一反僧格林沁"穷追猛堵"的战术,采取"以有定之兵,制无定之寇,专事近剿,不事尾追","以静制动"的战术。在临淮、济宁、周家口、徐州等重点地方驻重兵,令地主乡绅修筑圩寨,实行坚壁清野。又东到运河,西及沙河、贾鲁河,南以淮河为防线,北自朱仙镇至开封和黄河南岸挖壕设防,以围困捻军。捻军使用游击战术,东奔西走,运动作战,于同治五年(1866)九月冲出防线而去。曾国藩的"剿捻"计划失败。他不得不承认"打捻无功"。清政府改调李鸿章为钦差大臣,负责"剿捻"。曾国藩回到两江总督任上。

办理洋务　儒家正统

在对外关系问题上,曾国藩认为夷务本难措置,然根本不外孔子"忠信笃敬"四字。因而坚持以"守定和议","保持和局"为准则。他曾上奏说:方今太平天国、捻军、苗民等起义日益加剧,中国自己都无暇顾及,苟能与洋人相安无事为好,不要别开祸端。他甚至赞成"借洋助剿"。

同治九年(1870)曾国藩被派去查办"天津教案"。他奏称:"中国目前之力,未便遽启兵端。惟有委曲求全之一法"。结果判处良民死刑20名,充军25名(包括天津知县刘杰),赔款50万两,并派崇厚去法国道歉以了结此案。他的这一处理遭到全国人民的强烈反对,居京的湖南士大夫开除他出同乡会,砸了他所书写的湖南会馆匾额。后来他自己也承认:"外惭清议,内疚神明,为一生憾事"。但他仍认为"驭夷之法,以羁縻为上"。这些话此后被李鸿章、袁世凯直到蒋介石奉为圣条。

曾国藩

早在同治六年(1867),他即向同治帝奏请:"制造轮船,为救时要策,请将江海关税酌留二成,一成为专造轮船之用,一成酌济淮军及添兵等事"。他自己首先购买船炮武装湘军水师。

咸丰十一年(1861),曾国藩受命为两江总督,节制苏浙皖赣四省,执掌了地方军政实权,摆脱了以前处处受掣的局面,从而为兴办洋务事业提供了主动权。

接着曾国藩派李鸿章资取洋人长技,筹办洋务军工,并令以洋枪洋炮武装淮军。他自己即着手在安庆创办了"安庆军械所",试制枪炮炸弹,全用汉人,未雇洋匠,还制造了一艘小轮船,起名"黄鹄",但行驶迟钝。因没有机器设备,这些全系手工制作,其制作质量之差可想而知。但它是中国最早制造枪炮的军工厂。曾国藩还罗致了一批科技人才，为引进西方科技和近代工业建设开了一个头。留美学者容闳建议"应先建一母厂，再由母厂以造出其它各种机器厂"，曾国藩欣然同意，即派容闳赴美购买机器，为上海江南制造局的建设，创造了条件。

此外，曾国藩还提出"煤矿系自然之地利，借洋人之机器，俾华人仿效，而永收其利，未始不可行"。这是举办民用企业的最早设想。

曾国藩又与李鸿章联衔合奏派学生出洋留学。以容闳为副委员，每年选派30名，学生如唐绍仪、严复等都是一时之俊。国内则立学馆来培养人才，他认为程朱理学是孔孟思想的正统，后世的君臣都应引以为师，曾国藩自己不仅极力学习并付予实践。湘军之不同于清朝其他军队，即在他重视用封建伦理来教育军队，用一条看不见的绳索束缚其兵勇。

曾国藩除推崇程朱理学外，对乾嘉的训诂学也有兴趣。鸦片战争以后，由于时代的变化，他认识到程朱理学虽为正统，但已流于空疏，而乾嘉的训诂学又偏于繁琐，必须做某些变通。他认为一种"道理"的废兴，要适应时代，"适时则贵，失时则损"，"物穷则变，自古然也"。因此，他主张根据时代的变化和需要，进行某些变通，在变通中去寻求维护理学的传统。

曾国藩在政治上也主张清廉。他批评清朝吏治的腐败,提出京官办事的通病:一是"退缩",二是"硝屑";外官办事的通病:一是"敷衍",二是"颟顸"。

同治九年(1870年)曾国藩调任直隶总督。他就任后就整顿吏治,对所属官员进行调查,考核政绩,分别嘉勉降革。他与臬司张树声等清理历年积案达41000余起。他还给下属各级官吏规定了各种守则,例如对州县官制定了《劝诫州县四条》。

此外曾国藩还为清廷保举了大批人才,充任各地督抚和各部官吏,大都成为晚清军政界的骨干分子。湘军将领如鲍超、塔齐布、罗泽南、李续宾兄弟、彭玉麟、杨载福等,都是曾国藩识拔于基层。他推荐江忠源任安徽巡抚,胡林翼为湖北巡抚。李鸿章原是他的门生,他认为其"才大心细,劲气内敛",初举为江苏巡抚,后成为清朝相国地位的人物。左宗棠与曾国藩意见不合,他不介意,认为"才可独当一面",保举为浙江巡抚。还保举在籍道员沈葆桢为江西巡抚。李、沈是进士授知县,左是举人。但他用人唯才,这是他取得事业成功的重要原因。

同治十一年(1872)二月五日,曾国藩在南京两江总督任所,由儿子曾纪泽陪同下到花园散步,突然连呼足麻,扶回书房,端坐而逝。终年62岁。死后追赠"太傅",谥"文正"。

李 鸿 章

李鸿章(1823 – 1901),清同治朝大学士。字子黻,号少荃,晚年自号仪叟。安徽合肥人。曾任两江总督、直隶总督兼北洋大臣。李鸿章为清末淮军军阀,洋务派首领,掌握外交、军事、经济大权。从19世纪60年代起,李鸿章开始开办近代军事工业,利用海关税收购买军火和军舰,扩充淮军势力,建立北洋海军;对外则主张妥协议和,代表清政府签订了《辛丑条约》等多项丧权辱国的协约。

科举出身 组训淮军

李鸿章出生于安徽合肥一个书香门第的家庭,李鸿章排行第二,本名章铜,字渐甫。

李鸿章6岁时,就在严父兼良师李文安的督导下接受启蒙教育。李文安是一位饱受儒家道德教育的官僚士大夫,为人清正廉洁,因而在官场颇不顺风。但他十分推崇"学而优则仕"的训条,希望儿孙能"策远志","出风尘"。少年时代的李鸿章天资聪颖,先后经过父亲李文安、堂伯父李仿仙、徐明经和曾国藩四位名师的指点授业,在义理、经学等方面进步很快。他17岁时中秀才,随即又被学使拔取第一。

1843年，年已20岁的李鸿章满怀壮志，千里跋涉入京都参加会试，虽有时因经济拮据而发愁，但仍禁不住"检点诗书喜欲狂"。

道光二十七年(1847)，李鸿章终于在会试中脱颖而出，一举进士及第，进入翰林院，迈开了他踏入仕途的第一步。

咸丰元年(1851)，太平天国运动爆发，很快席卷南方各省。清朝的八旗兵和绿营兵，十分腐败，无力抵抗太平军。咸丰皇帝下令，大江南北，凡在籍官绅组织地方团练，就地镇压太平军。曾国藩在湖南老家，最先组织起了"湘军"。李鸿章也随工部侍郎吕贤基回到原籍办团练，曾国藩写信给安徽巡抚江忠源，极力保荐李鸿章。五月，李鸿章率兵在和州裕溪口，阻截太平军成功，被授六品顶戴。咸丰四年(1854)，太平军西征军攻克庐州，清军与太平军展开争夺战。李鸿章建议先取含山、巢县，切断太平军后援，并领兵攻下含山，被赏加知府衔，他还因此而有了"知兵"的名声。咸丰五年(1855)，李鸿章参与了进攻庐州的战役，攻下庐州后，被赏加道府衔，交军机处记名。第二年又攻下无为州，被赏加按察使衔。在此后两年左右的时间，李鸿章没有再立什么战功，反而在太平军的打击下，不断吃败仗，而且在安徽与同事的关系也搞得相当

李鸿章

紧张,不仅仕途黯淡,还多次险遭灭顶之灾。

咸丰九年(1859)一月,太平军攻入李鸿章的家乡安徽合肥,致使李鸿章父死家破。潦倒失意的李鸿章在走投无路的情况下,只好投奔正在江西南昌围剿太平军的恩师曾国藩,成为曾国藩的得力助手。在与太平军的作战中曾国藩多次遭遇困境,多次都是靠李鸿章出谋划策才化险为夷的。

太平军攻克安徽后,迅速逼近上海。上海的士绅代表赶到安庆,向驻守在那里的曾国藩求援,并许以大批粮饷为筹劳。曾国藩命李鸿章回籍招募人马,去上海作战。

李鸿章回到庐州后,立即行动,重新召集旧部将刘铭传、周盛波、张树声、吴长庆等。曾国藩又把太平天国安徽籍降将程学启及其部下,拨给李鸿章。李鸿章共募得7000余人,他按照湘军的制度,制订了营制、饷章。从此,继湘军之后,淮军组成。

同治元年(1862)初,太平军连克松江、太仓,逼近上海。上海士绅集资银18万两,雇了7艘外国轮船,溯江到安庆,迎接李鸿章。当时,太平军控制着长江,但允许外国船只通过。这样,淮军得以乘坐外国轮船,分三批通过太平军控制区,安全抵达上海。根据督办江、浙、皖、赣四省军务的两江总督曾国藩的提议,李鸿章由一个候补道员破格被授予署理江苏巡抚的职务,进入上层。

李鸿章一到上海便广筹财源,迅速扩编了淮军。并更新了武器装备,很快淮军就全部用起了洋枪洋炮。这样淮军得到了根本的改观,不仅没有在与太平军两年多的拉锯战中被消灭,反而在不长的时间内发展成为牵制太平军东线战场一支不可忽视的劲旅。

同治元年(1862)七月,太平天国慕王谭绍光从苏州赶来增援。李鸿章指挥淮军主力,打退了谭绍光。但是,太平军攻上海锋芒未减,李秀成准备与淮军决战。正在这时,湘军进攻天京,形势危急,洪秀全下令让李秀成率部解天京之围。李秀成这次进攻上海,遇上了李鸿章这样的劲敌对手,战斗正酣,接到命令,只好回援天京。李鸿章援沪有功,被正式任命为江苏巡抚。

李鸿章用了两年的时间,先解上海之围,然后南打嘉兴,北陷苏州,连克江浙重镇,使曾、左、李三路大军在战场上打通,形成了对天京的最后包围。同治三年七月,天京陷落,太平天国失败了。李鸿章从随吕贤基组织团练起,与太平军作战12个年头,被誉为与曾国藩、左宗棠、胡林翼齐名的"中兴名臣"。清政府还赐给他一等伯爵,伯号"肃毅",并赏戴双眼花翎。

太平军被剿灭后,遵王赖文光联合捻军在北方继续战斗,山东曹州一战他们机动灵活,杀死了前来镇压的钦差大臣、蒙古科尔沁亲王、咸丰帝表兄僧格林沁,声名大振。清廷急调曾国藩为钦差大臣,率湘淮军主力北上,负责镇压捻军;同时,命令李鸿章署理两江总督,负责后援军饷。曾国藩围剿捻军一年多,成果不大。

同治五年(1866)十一月,清廷改派李鸿章为钦差大臣,率淮军镇压捻军。在其后不到两年的时间之内,李鸿章剿杀了东西捻军,因功被赏加太子太保衔,并实授湖广总督、协办大学士。同年秋,李鸿章奉诏进京觐见皇帝和太后,被赐予紫禁城内骑马的荣誉。

办理洋务　制造利器

同治二年(1863),李鸿章署理江苏巡抚不久,就请求开办外国语学校。他在上海设立了外国语言文字学馆,后改称广方言馆。他还在松江设立弹药厂,攻陷苏州后,把弹药厂迁到苏州,改为洋炮局。李鸿章以此为起点,搞了30多年洋务。

此前,曾国藩设安庆军械所;左宗棠设福州船政局;同治六年崇厚设天津机器局。然而,在洋务派中,李鸿章办的军工企业最多。

同治四年(1865),李鸿章购买了上海虹口的美商铁工厂,很快又并入原属清政府的两个小炮厂,设立了江南机器制造总局。几年后,江南机器制造总局发展成为洋务派最大的军工企业。该厂主要生产枪支、弹药、水雷等武器,其设备大多是从美国进口,并雇用了英、美、德等国的技师。同治六年，江南制造局因场地狭小，由虹口迁到高昌庙。此后不断扩充，先后建了汽炉、轮船、枪、炮、炮弹、水雷、炼钢等14个分厂和一个译书局。人员最多时达3000人。在几十年中，江南制造局生产了不少武器，译书局也翻译了一批国外科技图书。在总局工作的中国工程技术人员徐寿、华蘅芳等人，在数学、化学、机械等方面，都卓有成绩。

李鸿章在同治九年(1870)调任直隶总督兼北洋大臣以后，接管了原北洋大臣崇厚所设的天津机器局。李鸿章首先是对工厂的人员结构进行扩充和调整，换上不少自己的亲信，又从香港请来大量的技术工人。该厂以生产枪、炮、水雷、子弹、开花弹为主，主要采用英国设备。经过整改后的天津机器局，其生产规模仅次于江南制造局。

同治十一年(1872)，李鸿章在上海设轮船招商局总局，先后任用买办出身而又谙熟技术管理的唐廷枢、徐润、郑观应等人。他还在天津、汉口、广州、香港等地设立分局。招商局的开办，目的在于扩大财源，但却突破了外国侵略势力对中国航运业的垄断。开业后三年，招商局从外国轮船公司手中挤掉1300万两的利润，迫使美国旗昌洋行退出竞争。

光绪三年(1877)，李鸿章设开平矿务局，开采直隶唐山地区的煤炭。调原轮船招商局总办唐廷枢负责矿务局事务。光绪五年(1879)，煤矿开始凿井。光绪七年（1881）正式出煤，年产量3万多吨。这是洋务派所办煤矿中最有成效的一个。该矿用机器采煤，逐渐配备了铁路、运河、专用码头及堆栈，在中国近代影响较大。

在军事上，李鸿章除了引用最先进的近代武器装备自己的淮军以外，最令举世瞩目的是创办了北洋海军，这其实才是李鸿章兴办洋务的主要目的。同治十年，李鸿章在天津大沽添置新式的炮台，当年又调江南和福州船厂的两只舰船到天津巡海。同治十三年，丁汝昌建议设北洋、东洋、南洋三支海军。李鸿章当即表示予以大力支持。光绪五年（1879），清政府决定先设北洋水师，俟日后力量充裕，再于东洋、南洋设军。年底，李鸿章向英国购买4艘炮舰，报请将记名提督丁汝昌留北洋差遣，在天津设水师营务处，以道员马建忠负责海军日常事务。光绪六年（1880），李鸿章再次向英国购买4艘炮舰，并让人设计出黄地蓝龙红珠的长方形海军旗。

光绪十一年（1885），清廷设海军衙门，由醇亲王奕䜣任总理大臣，李鸿章任会办大臣，实权由李鸿章操纵。凭借手中的权利，李鸿章几年之中添置10余艘新船。光绪十四年（1888），北洋海军正式成立。舰队中有排水量达7000多吨的主力铁甲舰定远号和镇远号，还有各种巡洋舰、炮舰、练习舰、鱼雷艇及各种杂差船只近50艘，力量在当时超过了日本。舰队设提督一人，由淮军骁将丁汝昌担任,下辖刘步蟾、林泰增两总兵,邓世昌、林永升、方伯谦等五副将,大小军官达200余名。在舰队中,雇有多名洋顾问。北洋海军成立以后,为筹备甲午年(1894)慈禧太后60大寿庆典,海军经费大部分被挪用修建颐和园致使北洋舰队没有再扩充。而日本则针对中国的海军水平,组建了新舰队,在火力和速度等方面都超过了北洋舰队。

光绪二十年(1894),中日甲午战争爆发,李鸿章苦心经营的淮军一败涂地。北洋舰队也全军覆没,李鸿章洋务运动的军事目的宣告破灭。李鸿章权倾朝野日子也随之结束。然而李鸿章在创办军用、民用工业企业、发展教育、交通、通迅等领域开中国近代化先河所做出的贡献,是不可磨灭的。

签订条约 深负民望

19世纪七八十年代以后,中国国内刚历经大规模的农民起义和英法联军的打击,国力相当虚弱,而此时外国资本主义已开始向帝国主义阶段过渡。他们更加加紧对中国的军事侵略和武装的掠夺,中国的边疆危机一日比一日严重。李鸿章等人针对这种变化,审时度势提出"外须和戎,内须变法"的洋务总纲。李鸿章大声疾呼中国绝不应昏睡于"天朝上国"的迷梦而抱残守缺,强调"我朝处数千年未有之奇局,自应建数千年未有之奇功"。

同治九年(1870),发生了天津教案,直隶总督曾国藩先受命处理,后由于受到多方面的责难而被迫离开,清廷不得不又命李鸿章继续处理。在李鸿章主持下,天津教案最后以清政府杀人偿命、赔款道歉等结案。

同治十三年(1874),李鸿章与秘鲁代表葛尔西耶在天津会谈,订立了保护华工的《会议专条》和《通商条约》。

光绪元年(1875),英国又一次派大型武装"远征队"侵入云南。美国驻华使馆特地派翻译官马嘉理去云南带路。当远征队进入云南省腾越厅的景颇人聚居处时,与当地人冲突,马嘉理被景颇人杀死。英国借此向清政府进行要挟,以下旗绝交相威吓。清政府忙派李鸿章与英国代表在山东烟台谈判。光绪二年(1876)九月二十三日,双方订立了《中英烟台条约》。条约内容除包括中国政府向英国道歉和赔款20万两白银以外,还有:允许英国人到西藏、云南、西北等地"游历";中国政府开宜昌、芜湖、北海、温州为通商口岸;英国货物在中国免内地税等等。

光绪九年(1883),法国侵略越南,旨在以越南为跳板,侵略中国。李鸿章担心事态扩大,于光绪十年(1884)五月在天津与法国代表订立《中法简明条款》,承认法国对越南的"保护权"。法国毫无收敛,光绪十年(1884)

六月,法军进犯越南谅山,七月法舰驶进福建马尾军港,八月法舰又犯基隆。在这一触即发的战争形势下,清政府中展开辩论。在辩论中,李鸿章强调中国兵力虚弱,武器落后,不可开战,纵然一时胜利,也不会改变最终的失败的命运。

清·光绪帝

光绪十一年(1885)六月九日,李鸿章在天津与法国代表签订了《中法越南条款》,即通常所说的《中法新约》。通过这个条约,法国取得了在滇、桂与越南在战场上得不到的权益,这其中包括他们获得了在中国修筑铁路等特权。李鸿章的投降外交,使战争出现了中国不败而败,法国不胜而胜的奇怪结局。

光绪二十年(1894),日本政府以突然袭击的方式,挑起了蓄谋已久的对华战争——甲午中日战争。其目的,在于吞并朝鲜、满蒙,侵略中国,称霸亚洲以至整个世界。对于日本帝国主义的战争行动,李鸿章从一开始就持"保全和局"的态度,同时一再恳求列强出面"调停"。他并没有真正做好打仗的一切准备,对前方的军事情报,他漠然置之;对一些人的正确建议,也一概拒绝;甚至以严厉的态度,驳回了海军提督丁汝昌的几次请战。结果,陆战一败涂地,海战全军覆没,最后只得签订屈辱的《马关条约》。

在战争的最后阶段,清政府曾派总理衙门大臣、户部侍郎张荫桓和署湖南巡抚邵友濂赴日求和。但日本借口此二人权力不大,不够资格,拒绝谈判,指名道姓地要李鸿章到日本签约,同时,继续扩大事态,以达到最后迫使清政府就范的目的。由于战争的失利,李鸿章受到朝野一致的谴责,朝廷给他革职留任的处分,并拔去顶戴花翎,褫黄马褂。由于日方的坚决要求,清廷撤销对李鸿章的一切处分,授其为全权大臣,赴日谈判。李鸿章于是带着儿子李经方、美国顾问柯士达,从天津乘船出发。光绪二十一年(1895)三月二十日,在日本马关(今下关)的春帆楼,与日本首相伊藤博文、外相陆奥宗光开始会谈。一开始,伊藤博文就表明了日方的蛮横态度:对日本提出的各种苛刻条件,只准李鸿章回答"允"或"不允"。谈判到第三轮,李鸿章从春帆楼返回住处的途中,突然遭到一名日本浪人的袭击,一颗子弹击中左颧,进入左眼下面的软组织。日本天皇派御医来诊治,伊藤博文也前来探望。李鸿章先委托儿子李经方代理全权,同时又表示:国家处于危难之中,和局是大事。因此略加休养,便又继续会谈。在谈判中,日方步步紧逼,李鸿章唯唯诺诺,基本上答应了日本方面提出的要求。光绪二十一年(1895)四月十七日,李鸿章代表清政府,被迫签订了屈辱的《马关条约》。

光绪二十二年(1896),沙俄皇帝尼古拉二世举行加冕典礼，要求清政府派人参加盛典。清政府先派布政使王之春去，沙俄政府嫌他位卑言轻，不予接待，同时点名让李鸿章"参加盛典"。这已表明，在"参加盛典"的名目背后，将有一笔政治交易。清政府任命李鸿章为"钦差头等出使大臣"前往俄国，并于此后到英、德、法、美四国访问。沙俄特派专人到苏伊士运河北口的亚历山大港接李鸿章，然后乘专轮到俄国的敖德萨。四月三十日，李鸿章抵达俄国首都彼得堡，尼古拉二世在宫中亲自接见，给予了最隆重的礼遇。沙俄的笑脸背后，隐藏着叵测的居心。他们要借李鸿章来访之机，攫取我国东北主权。五月三日，沙俄财政大臣维特、外交大臣罗拔诺夫与李鸿章进行秘密会谈。双方于六月三日签订了《中俄密约》。条约规定：若日本侵占俄国远东部分或中国东北地区，俄中两国要全力互相支援；战争期间，中国所有口岸均对俄国开放；中国允许沙俄在中国东北修筑经黑龙江、吉林直达海参崴的铁路，无论平时或战时，俄国均有权通过该铁路线运送部队和军需。这个表面上针对日本而实则为沙俄在我国东北扩大势力的条约，有效期15年。中国的东北地区，逐步成为沙俄的势力范围。李鸿章回国后，这个条约一直秘而不宣。在清政府中，只有极重要的几名枢臣知道此事。

忙于议和　抑郁而终

李鸿章曾评价自己"少年科第，壮年戎马，中年封疆，晚年洋务，一路扶摇"。然而甲午战争却使他从权力的顶峰上落了下来，仅留文华殿大学士头衔，奉旨入阁办事。李鸿章在北京没有房产，只得借住在贤良寺，既不能预闻朝政，还不时受到政敌攻击。为此他很少外出访亲拜友，也不喜欢接待来访客人。但李鸿章并不甘心，他还时时刻刻企图东山再起。

光绪二十二年(1896)，他被慈禧太后任命为全权特使，参加俄皇加冕庆典。而后他游历欧美，对欧美"立国政教"有了深刻认识，并进而与中国国情进行比较研究，得出欧美"上下一心"，中国"政杂言塞"的结论。因此在觐见光绪帝和慈禧太后时，李鸿章"历陈各国强盛，中国贫弱，须亟变法"。李鸿章本想借助出访欧美之机还督直隶，重温"坐镇北洋，遥执朝政"的旧梦，其此同时，欧美列强也热切希望清廷让李鸿章东山再起。然而事与愿违，李鸿章归国之后，于光绪二十二年奉命只在总理衙门大臣上行走。

光绪二十一年(1897)康有为等人在京组织"公车上书"，

慈禧太后

掀起维新运动。对维新运动的兴起、发展和失败，李鸿章一直给予暗中支持和同情，并还尽力保护维新派大臣及相关人士。这与他的自强变法思想分不开；但由于其更看重功名利禄，他的变法思想与维新派又有极大的不同。

光绪二十六年(1900)，义和团运动爆发，英、法、俄、美、日、德、意、奥八国联军趁机挑起侵华战争。面对内忧外患，清政决定首先对义和团实行"安抚"，让义和团去打洋人，以求其两败俱伤，于是在六月二十一日，清朝向联军宣战，然而战争局势并不乐观。七月，慈禧太后见形势急转直下，急调李鸿章回任直隶总督兼北洋大臣，为向外国妥协做准备。此时，李鸿章已听不进香港总督卜力和革命党人要他两广独立的主张，离开两广北上。八月十四日，八国联军攻破北京，慈禧太后偕光绪帝和部分大臣仓皇出逃西安，途中下罪己诏，并严令剿杀义和团，并授权李鸿章"便宜行事"，让他与诸列强商谈投降议和。庆亲王奕劻和李鸿章被任为议和全权大臣，收拾残局，实际上由李鸿章一手操纵。

起初，英、德等国态度强硬，拒不承认李鸿章为合法代表，甚至不承认以慈禧主后为首的清政府。俄、法等国担心德国在华势力的扩大，同时，素以"亲俄"出名的李鸿章，又私下与沙俄代表进行交易，许给天津一块租界，并答应满足沙俄在东北的侵略要求，于是沙俄同意从中斡旋。光绪二十六年十月底，所有侵华国家公使举行会议。十二月二十四日,各国代表商定一个《议和大纲》,共十二款,交给李鸿章。李鸿章连忙电告在西安"西狩"的慈禧太后。慈禧太后见各国并未追究自己,喜出望外,忙致电奕劻、李鸿章,全部答应了十二条要求。

光绪二十七年(1901)九月七日,各国强迫清政府签订了丧权辱国的《辛丑条约》。

条约签订之后,李鸿章奉命总理新成立的外务部事务。由于战乱的惊吓和忙于议和活动,加之,卖国条约受到舆论的强烈指责,李鸿章一病不起,于光绪二十七年(1901)十一月七日去世,终年78岁。正在从西安返京途中的慈禧太后得知这一消息后,立即派恭亲王溥伟(奕䜣之孙)前往祭奠。照大学士例,赏给陀罗经被。慈禧太后又下诏:对李鸿章追谥文忠,晋封一等侯爵,赐太子师,入贤良祠祭祀。又命在李鸿章立过"功"的省份山东、江苏、浙江、福建、河南及上海、天津,建立专祠,并在北京东总布胡同原李宅设立专祠。在京师设立专祠,是清朝以来汉族大臣绝无仅有的荣耀。

经典国学口袋书

- 01 周易
- 02 道德经
- 03 庄子
- 04 论语
- 05 孟子
- 06 大学·中庸
- 07 孙子兵法
- 08 三十六计
- 09 百战奇略
- 10 六韬·三略
- 11 山海经
- 12 左传
- 13 战国策
- 14 史记·本纪
- 15 史记·世家
- 16 史记·列传
- 17 汉书
- 18 后汉书
- 19 三国志
- 20 吕氏春秋
- 21 资治通鉴
- 22 中国通史
- 23 中华上下五千年
- 24 贞观政要
- 25 中国古代文化常识
- 26 中国古代名言警句
- 27 徐霞客游记
- 28 容斋随笔
- 29 金刚经
- 30 忍经·劝忍百箴
- 31 忠经·孝经
- 32 智囊
- 33 梦溪笔谈
- 34 本草纲目
- 35 黄帝内经
- 36 菜根谭
- 37 小窗幽记
- 38 颜氏家训
- 39 围炉夜话
- 40 曾国藩家书
- 41 诗经
- 42 楚辞
- 43 古诗
- 44 唐诗三百首
- 45 宋词三百首
- 46 元曲三百首
- 47 千家诗
- 48 豪放词
- 49 婉约词
- 50 世说新语
- 51 笑林广记
- 52 古文观止
- 53 唐宋八大家散文
- 54 诸子百家名句赏析
- 55 四书五经名句赏析
- 56 二十五史名句赏析
- 57 古代散文名句赏析
- 58 古代诗词名句赏析
- 59 红楼梦诗词名句赏析
- 60 阅微草堂笔记
- 61 闲情偶寄
- 62 三字经·百家姓
- 63 幼学琼林
- 64 声律启蒙·弟子规
- 65 千字文·增广贤文
- 66 对联
- 67 俗语
- 68 谚语
- 69 歇后语
- 70 格言联璧
- 71 中华寓言故事
- 72 中华典故故事
- 73 中华成语故事
- 74 中国十大喜剧故事
- 75 中国十大悲剧故事
- 76 中国皇帝传
- 77 中国皇后传
- 78 中国宰相传
- 79 中国将帅传
- 80 白话聊斋

三秦出版社

地处周秦汉唐千年古都西安的三秦出版社,建社30多年来始终以弘扬和传播优秀传统文化为己任,依托三秦大地无比丰厚的历史文化积淀,出版了大批特色鲜明、极具文化传承价值的精品图书,创造了良好的社会效益和经济效益。为顺应构建全民阅读时代、建设书香社会的需求,我社经充分调研策划,从浩如烟海的国学宝库中精心遴选,编辑出版了"中华经典国学口袋书"系列丛书,包含经史子集、诗词曲赋、笔记信札、经典名句等80部精品佳作,内容精粹,外观精美,便于携带,定会为您居家出行增添颇多书香雅趣。